LES 12 BATEAUX QUI VONT SAUVER LA MER

Direction : Guillaume Pô
Direction éditoriale : Elisabeth Pegeon
Édition : Julie Quillien et Marine Bourrasseau
Direction artistique : Isabelle Mayer
Mise en page : Isabelle Mayer et Jennifer Faisant
Direction de fabrication : Thierry Dubus
Fabrication : Florence Bellot
Photogravure : SNO

1re édition - N° d'édition : V20049
ISBN : 979-1-02710-331-7
Code MDS : VA00309

Certifié PEFC
Ce produit est issu de forêts gérées durablement et de sources contrôlées
PEFC/14-38-00260
www.pefc-france.org

Achevé d'imprimer en octobre 2020 par Edelvives, en Espagne.
Imprimé sur du papier PEFC™

Cet ouvrage est imprimé grâce à des encres à base d'huile végétale,
garantissant la démarche de développement durable de l'éditeur et de l'imprimeur.

Dépôt légal : octobre 2020

Caroline Britz

LES 12 BATEAUX
QUI VONT
SAUVER LA MER

La Boudeuse • Pourquoi pas ? • Les Abeilles • Tara • Energy Observer • Nomade des Mers
Race for Water • Under The Pole • Plastic Odyssey • Polar Pod • Manta • Esprit de Velox

VAGNON

SOMMAIRE

D'HIER

& D'AUJ

OURD'HUI

INTRODUCTION

Partir en mer n'a jamais été une aventure anodine. Larguer les amarres, poser son regard au large, entendre la coque craquer, les voiles claquer ou l'hélice brasser les flots. Quitter la terre ferme, c'est entrer dans un nouveau monde. Celui où l'homme n'est pas grand-chose face aux éléments, où il doit s'adapter et accepter que l'océan aura toujours raison. Et aussi toujours quelque chose à lui apprendre.

Dès l'Antiquité, des marins explorateurs se sont lancés à l'assaut des flots, à la recherche de ce qu'il y avait de l'autre côté, des terres inconnues, pleines de promesses et de richesses. Bien avant Christophe Colomb, les Vikings lancent leurs drakkars vers l'Ouest et découvrent l'Amérique. Les marins chinois explorent les îles de l'océan Indien dès le Moyen Âge et Vasco de Gama double la pointe de l'Afrique pour trouver la route des Indes.

Bien sûr, ces marins cherchaient surtout des richesses, des nouvelles voies commerciales, des terres où s'établir, des nouvelles frontières. Mais, très vite, ce sont aussi eux qui ont embarqué des scientifiques, des cartographes, des géographes, des botanistes... Les grandes expéditions de conquête deviennent des voyages qui alimentent la fièvre de savoir des Lumières.

Drakkar exposé au musée des navires vikings d'Oslo.

Et de plus en plus, on lance des voyages qui ont pour principale vocation la science. Bougainville (voir le chapitre sur *La Boudeuse*, pages 10 à 19) est un militaire certes, mais quand il quitte Brest en décembre 1866 à bord de *La Boudeuse*, il embarque avec lui plusieurs scientifiques, le naturaliste Commerson, l'astronome Véron, le cartographe Routier de Romainville. Ils vont franchir le détroit de Magellan puis s'engager sur la route du Pacifique et explorer les très nombreux archipels de ce qui est désormais devenu la Polynésie française : les Tuamotu, puis Tahiti avant d'atteindre les Samoa. Sur ces îles, Bougainville et ses scientifiques vont à la rencontre des populations, dessinent la faune et la flore, rapportent des graines. Leurs carnets de notes regorgent de détails et de descriptions des coutumes et des savoir-faire des habitants des îles. Après trois ans de voyage, ils reviennent en mars 1769 à Saint-Malo. Cette expédition est une des plus riches en découvertes scientifiques et elle alimente les encyclopédistes, qui à cette époque, recensent et diffusent les savoirs. Et son souvenir le plus célèbre restera sans doute la bougainvillée, cette jolie fleur découverte par Commerson au Brésil et qui rend hommage à son commandant.

Un siècle plus tard, on entre dans une nouvelle ère maritime, les bateaux se perfectionnent, les moteurs à vapeur commencent à « aider » les voiles. On peut aller plus loin, plus vite et un peu plus confortablement. Les explorateurs des mers partent dans des territoires de plus en plus hostiles, notamment polaires. Jean-Baptiste Charcot est né en 1867 à Paris. Comme son père, célèbre neurologue, il étudie la médecine et, en même temps, apprend à naviguer à la voile et voyage beaucoup dans toute l'Europe, surtout du Nord. Rapidement, il décide d'allier ses deux passions et fait construire plusieurs navires, tous baptisés *Pourquoi Pas ?* et commence à mener quelques navigations scientifiques en Europe. En 1908, il construit le *Pourquoi pas ? IV*, un trois-mâts spécialement pensé pour l'exploration polaire avec trois laboratoires embarqués. Il retourne

Timbre à l'effigie de Jean-Baptiste Charcot.

en Antarctique où il restera quasiment deux ans et où scientifiques, biologistes, géologues et géophysiciens continueront la découverte du grand continent blanc. Celui qu'on appelle désormais le « commandant Charcot » va également reconnaître et cartographier la zone. Après la Première Guerre mondiale, il va mener de nombreuses expéditions en Arctique et participe à l'installation d'une première station scientifique permanente dans le Scoresby Sund, sur la côte ouest du Groenland. C'est en revenant de l'une de ses missions que le *Pourquoi pas ? IV* est pris dans une violente tempête et coule juste devant les côtes islandaises. Un seul marin survivra à la catastrophe. Le commandant Charcot, resté parmi les derniers à bord, est mort le 16 septembre 1936. Un hommage national lui est rendu et son nom reste parmi ceux des grands explorateurs français.

Le XXe siècle sera celui de la découverte des océans. On commence à construire des petits sous-marins, on filme sous l'eau, on commence surtout à prendre conscience de la fragilité de l'écosystème des océans. Dès les années 1950, Anita Conti met en garde contre les méfaits de la surpêche. Au même moment, Jacques-Yves Cousteau décide de mettre à profit ses connaissances en plongée et en cinéma pour faire connaître ce monde au plus grand nombre. En 1956, à Cannes, la palme d'or est décernée au film *Le Monde du silence* réalisé par Louis Malle sur l'équipe de marins, scientifiques, médecins et plongeurs, qui viennent de passer des mois à sillonner la mer Méditerranée, la mer Rouge et l'océan Indien à bord de la *Calypso* du commandant Cousteau. Lors de leurs explorations, les plongeurs étaient équipés de scaphandres autonomes leur permettant de respirer et de se déplacer librement à plusieurs dizaines de mètres sous la surface de la mer. Avec des caméras sous-marines, parmi les premières au monde, ils tournent des centaines d'heures d'images relatant la rencontre de nombreuses espèces de poissons, dont Jojo le mérou, devenu l'un des célèbres héros du film, mais aussi de mammifères marins, de coraux ou encore d'épaves de navires. Le film raconte ce monde et celui des hommes qui le découvrent. Le succès est immédiat : il bat tous les records au box-office, y compris aux États-Unis, et marque les esprits. Il gagne l'Oscar du meilleur film documentaire en 1957 et est devenu l'une des références du genre. Le travail que le commandant Cousteau mènera pendant plusieurs décennies après ce premier succès participera à la connaissance du monde de la mer et aussi à l'éveil des consciences du grand public.

Aujourd'hui, les héritiers sont nombreux et tous animés par la même volonté : connaître et faire connaître la mer et trouver tous les moyens de la protéger.
C'est leurs aventures que nous allons vous raconter.

Au début des années 1960, persuadé que l'homme est capable de vivre et de travailler dans un habitat sous-marin, Jacques-Yves Cousteau lance la construction d'une série de trois stations immergées dans lesquelles des « océanautes », comme il les appelle, vont rester d'une semaine à un mois. *Precontinent I*, la première station, a été installée à dix mètres de profondeur dans la rade de Marseille. *Precontinent II* (photo ci-dessus) est implantée près du récif corallien de Shab Roumi en mer Rouge, au large du Soudan. Elle est composée de plusieurs modules immergés à différentes profondeurs. *Precontinent III* a été installée à cent mètres de profondeur devant Saint-Jean-Cap-Ferrat.

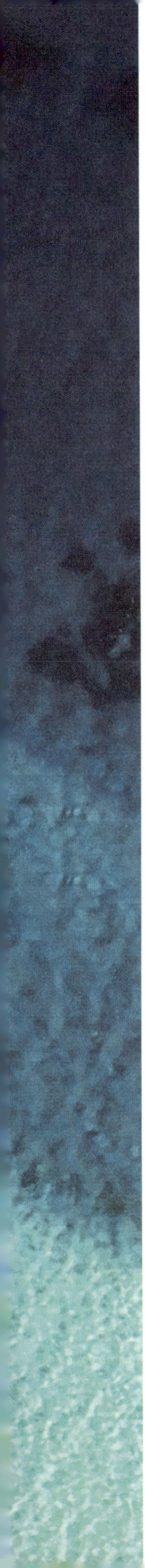

... LA
BOUD

EUSE

LE NAVIRE D'EXPLORATION À LA RENCONTRE DES PEUPLES DE L'EAU

Imaginez un grand voilier traditionnel glissant sur les eaux d'une rivière au fond de la jungle. À son bord des marins, des scientifiques, des écrivains, des artistes. Tous ensemble, ils partent à la rencontre des « peuples de l'eau », si loin du reste du monde mais si proches de la nature. Ils font revivre la grande tradition des explorateurs qui partaient découvrir les terres inconnues, en ramenant avec eux des connaissances encyclopédiques.

Ce bateau à voiles s'appelle *La Boudeuse*. En fait, il faudrait dire « ces bateaux à voiles », puisqu'il y en a eu deux qui, à deux siècles d'intervalle, sont partis explorer les eaux lointaines. Le premier est celui de Louis-Antoine de Bougainville, une frégate de 41 mètres qui, entre 1766 et 1769, a été le premier navire français à effectuer officiellement le tour du monde. Le deuxième est un trois-mâts goélette de 46 mètres hors tout, qui a fait de même entre 2004 et 2010 et qui espère bientôt repartir.

La Boudeuse version XXIe siècle est un robuste trois-mâts, doté d'une imposante voilure, et qui présente un faible tirant d'eau.

Patrice Franceschi, ici debout, et une partie de l'équipage de *La Boudeuse*.

Quand Patrice Franceschi achète, en 2003, un vieux trois-mâts hollandais en acier construit en 1916, il le rebaptise tout de suite *La Boudeuse*. Il est écrivain et explorateur, a déjà traversé le monde entier et a raconté ses aventures dans de nombreux ouvrages. Quelques années auparavant, il avait déjà donné ce nom à une jonque avec laquelle il avait sillonné les îles de l'Insulinde : Sumatra, Bornéo, les Philippines, la Papouasie-Nouvelle-Guinée. Il avait alors mis son gouvernail dans le sillage de Bougainville, en revenant sur ses traces, en allant à la rencontre des peuples insulaires et en y emmenant des scientifiques.

Pour son deuxième bateau, il choisit donc un robuste voilier qui a travaillé pendant des années en mer Baltique et en mer du Nord, où il a transporté des marchandises. En plus de son imposante voilure et de son volume qui permet de loger un bel équipage, ce trois-mâts a un autre avantage qui n'a pas échappé à Patrice Franceschi : il n'a pas beaucoup de tirant d'eau. Cela signifie qu'il n'est pas très profond et qu'il peut donc se faufiler un peu partout, dans les archipels et dans les fleuves et rivières.
L'explorateur le ramène en Bretagne et durant un an, à Camaret, il va le transformer en bateau d'expédition. On y installe de quoi recevoir des scientifiques et on prépare un grand tour du monde qui débute en 2004. L'idée de Patrice Franceschi est d'aller rencontrer les communautés qui vivent au bord de l'eau, de la mer et des fleuves. Ces communautés qui, depuis des siècles, vivent en communion avec la nature et ont beaucoup à apprendre aux Occidentaux.

La Boudeuse quitte la France pour traverser l'Atlantique et met le cap sur l'embouchure de l'Amazone. Le but : remonter le fleuve jusqu'en Colombie, sur des milliers de kilomètres. Très loin de tout, le bateau et son équipage vont à la rencontre des indiens Yuhups, les héritiers de la dernière communauté de nomades de la plus vaste jungle du monde. Ces chasseurs-cueilleurs sont aussi des très grands savants en remèdes et poisons : ce sont ainsi eux qui ont longtemps détenu le secret du curare, qui provient des lianes de la jungle et que l'on utilise aujourd'hui couramment en médecine, pour les anesthésies notamment.

Après la forêt amazonienne, l'équipage de *La Boudeuse* met le cap sur la haute mer, le Pacifique et une île qui est l'une des plus mystérieuses au monde : l'île de Pâques. *Rapa Nui*, selon la langue autochtone, se situe au large du Chili et abrite de spectaculaires alignements de *Moaï* : plus de 1000 statues de basalte de quatre mètres de haut. Ces imposants

Alignement de *Moaï* sur l'île de Pâques.

Baie de l'île de Fatu Hiva.

Côte ouest de l'île de Pentecôte.

ouvrages seraient âgés de plus de 1500 ans et ressemblent beaucoup aux Tiki, les grandes statues que l'on retrouve en Polynésie, à des milliers de kilomètres de là. Les premiers habitants de l'île de Pâques auraient peut-être traversé cette immense étendue du Pacifique, sans doute grâce aux puissants courants marins.

À l'ombre de ces géants de pierre, l'équipage de *La Boudeuse* a consacré sa longue escale à l'étude de cette mythique et antique civilisation avant de partir sur les traces de ses origines, au cours d'une navigation de six mois dans le Pacifique. Là encore, sur la route de Bougainville, les marins explorateurs font escale dans les îles les plus reculées de la Polynésie et s'arrêtent notamment longuement pour faire la rencontre des habitants de Fatu Hiva. Cette île appartient aux Marquises, archipel peint par Paul Gauguin et chanté par Jacques Brel. Elle est un des territoires français les plus isolés et est peuplée de 600 habitants qui vivent dans deux villages situés à chacun des bouts de l'île, dont les immenses falaises rappellent la présence, il y a des milliers d'années, des volcans de la ceinture du feu du Pacifique.

Pour continuer la rencontre des peuples mélanésiens, *La Boudeuse* met ensuite le cap sur l'archipel du Vanuatu, et plus spécialement la toute petite île de Pentecôte, où vivent les Saa. Cette communauté de 1000 personnes vit dans la plus pure tradition et n'a pratiquement rien adopté de la modernité. Ils vivent de chasse, de pêche et de culture des plantes autochtones comme l'igname et le taro.

Après cette exploration des communautés du Pacifique, *La Boudeuse* a entamé son retour vers l'est en mettant le cap sur l'archipel des Célèbes. Ces îles du nord de l'Indonésie sont connues pour leurs traditions maritimes et abritent notamment le peuple Bugis, réputé pour ses charpentiers de marine qui, depuis des siècles, construisent des navires océaniques. Bien avant l'arrivée des colons européens, ces voiliers, et notamment les élégants pinisi, commerçaient dans toute la région, du nord de l'Australie à la Nouvelle-Guinée.

Les goélettes de type pinisi sont des navires typiques de l'Indonésie.

Les Badjao sont un peuple nomade dont les membres vivent beaucoup sur de grandes pirogues, qu'ils apprennent à manœuvrer dès le plus jeune âge. Ils construisent aussi de véritables villages flottants.

Après avoir côtoyé ces spécialistes de l'architecture navale et de la navigation, *La Boudeuse* a rejoint les îles de la Sonde à la rencontre du peuple Badjao, qui fait partie des gitans de la mer. Ces très grands pêcheurs ne restent jamais longtemps dans un port d'attache. À bord de leurs pirogues, ils vivent, plongent - parfois jusqu'à 70 mètres de profondeur -, et pêchent. Ils savent reconnaître tous les bruits de l'océan, ce qui leur a permis de prévoir et de donner l'alerte lors du grand tsunami qui a ravagé l'Asie du Sud-Est en 2004.

Dernière escale pour *La Boudeuse* lors de ce tour du monde à la rencontre des peuples de l'eau : Oman, au sud de la péninsule arabique. Dans cette région des 1001 nuits, les marins mènent des boutres vifs et rapides depuis l'époque des caravaniers, des siècles auparavant. En 2007, *La Boudeuse* revient à Saint-Malo, riche de toutes ces rencontres qui ont permis d'apprendre, d'échanger et de documenter les richesses des hommes et de la nature.

Peu de temps après, elle s'amarre à Paris, à la rencontre des citadins et est missionnée par le gouvernement français pour repartir en expédition scientifique autour du thème de la biodiversité. En 2009, Patrice Franceschi remet donc le cap sur le large avec à son bord, à nouveau, des ethnologues, des botanistes, des entomologistes, des écrivains, mais aussi de jeunes aventuriers. Ensemble, ils partent étudier des régions éloignées de la Guyane française, avec une biodiversité rare mais menacée par la déforestation et la pollution liées à l'afflux des chercheurs d'or.

Malheureusement, au bout de quelques mois, des soucis financiers apparaissent. L'équipage est obligé d'interrompre la mission et de revenir en France. Depuis, *La Boudeuse* est à quai. Mais cela devrait changer bientôt : un nouvel armateur, Bruno Ledoux, a rejoint le bord, associé à Patrice Franceschi, et ils espèrent bien relancer l'aventure du navire.

Louis-Antoine de Bougainville, né en 1729 à Paris, est un officier de marine qui s'est notamment rendu célèbre pour avoir effectué, de 1766 à 1769, le premier tour du monde officiel en voilier, à bord de la frégate *La Boudeuse*.

LOUIS-ANTOINE DE BOUGAINVILLE : LE PREMIER TOUR DU MONDE DE LA SCIENCE

Il est né à Paris, loin de la mer, en 1729. Très bon élève, notamment en mathématiques, Louis-Antoine de Bougainville suit les traces de son père en devenant avocat, puis s'engage dans la carrière militaire. Il est rapidement envoyé au Canada où, sur les bords du fleuve Saint-Laurent, des batailles opposent les armées française et britannique pour le contrôle de ce qui est alors encore une colonie. Bougainville s'y illustre, mais la France finit par perdre cette guerre et c'est lui qui négocie la reddition avec les Britanniques.

Revenu en France, il mène encore des batailles à terre avant d'être reconnu et distingué par l'entourage du roi Louis XV. De l'armée de terre, il passe à la Marine, qui lui confie immédiatement le commandement d'une expédition vers les îles Malouines où il doit établir une colonie. Lors de ce voyage, Bougainville emmène Antoine-Joseph Pernety, un naturaliste, avec lequel il découvre l'exercice de la science à la mer. Il reconnaît le détroit de Magellan, tout au sud de l'Amérique, et établit des relations avec les communautés qu'ils rencontrent lors des escales, une habitude qu'il avait prise au Canada, où il prônait déjà le dialogue plutôt que la bataille avec les peuples autochtones. Il finit par rentrer de sa mission, mais son goût pour l'exploration et la science ne fait que grandir. En 1766, on lui confie le commandement d'une frégate flambant neuve, *La Boudeuse*, avec pour mission de faire le tour du monde. À cette époque, les grandes puissances européennes rivalisent sur mer pour étendre leur empire colonial. Il s'agit d'aller explorer toutes les latitudes pour repérer toutes les terres, îles et îlots qui n'ont pas encore été reconnus et, évidemment, annexés.

Bougainville n'a pas que des ambitions militaires et territoriales. Il embarque avec lui plusieurs scientifiques, le naturaliste Commerson, l'astronome Véron et le cartographe Routier de Romainville. Avec eux et tout son équipage, il quitte Brest en décembre 1766 pour rejoindre le Brésil, où il va être rejoint par la flûte *L'Étoile* avec laquelle *La Boudeuse* va naviguer de conserve.

Ensemble, les deux bateaux franchissent le détroit de Magellan puis s'engagent sur la route du Pacifique. Ils explorent alors les très nombreux archipels de ce qui est désormais devenu la Polynésie française : les Tuamotu, puis Tahiti avant d'atteindre les Samoa. Sur ces îles, Bougainville et ses scientifiques partent à la rencontre des populations, dessinent la faune et la flore, ramènent des graines. Leurs carnets de notes regorgent de détails et de descriptions des coutumes et des savoir-faire des habitants insulaires.

Les deux navires poursuivent leurs voyages vers les îles Salomon, la Papouasie-Nouvelle-Guinée et enfin les Moluques – l'Indonésie actuelle – où, après deux ans de navigation, ils peuvent enfin se ravitailler, en produits frais notamment ; un apport en vitamines bienvenu pour l'équipage qui souffre du scorbut, une maladie liée au manque de vitamine C. Ils reprennent leur route vers l'île de France, que l'on appelle maintenant l'île Maurice, puis le Cap de Bonne-Espérance, tout au sud de l'Afrique, avant de remonter tout l'océan Atlantique et de franchir les passes de Saint-Malo en mars 1769. Cette expédition est une des plus riches en découvertes scientifiques et elle alimente les encyclopédistes qui, à cette époque, recensent et diffusent les savoirs. Son souvenir le plus célèbre restera sans doute la bougainvillée, cette jolie fleur découverte par Commerson au Brésil et qui rend hommage à son commandant. Ce dernier continue sa carrière militaire, part combattre lors de la guerre d'indépendance des États-Unis, envisage de partir conquérir le pôle Nord et se retire finalement pour se consacrer à sa passion de l'horticulture. Il meurt en 1811 à Paris et restera dans l'histoire le premier Français à avoir officiellement effectué un tour du monde complet.

Les traces du tour du monde de Bougainville et de son équipage sont partout : ici de haut en bas l'île de Bougainville, en Papouasie-Nouvelle-Guinée ; la bougainvillée, ainsi nommée par Commerson en l'honneur de son commandant et le dauphin Commerson. Le naturaliste a par ailleurs donné son nom à plus d'une centaine de plantes. Quant à Véron, le premier à avoir réussi à mesurer la largeur de l'océan Pacifique, il a donné son nom à une chaîne de montagnes.

LA BOUDEUSE ET LA BOUDEUSE : SÉPARÉS PAR DEUX SIÈCLES ET CINQ MÈTRES

Ils portent le même nom, sont tous les deux des trois-mâts et partagent le même destin : celui de la navigation aux antipodes et de l'exploration. Mais, à la base, ces deux navires n'ont pourtant pas grand-chose en commun si ce n'est, peut-être, leur taille. Imaginez simplement : *La Boudeuse* de Bougainville construite en 1766 mesure 41 mètres et elle est armée par 215 marins ; *La Boudeuse* « moderne », elle, a été construite en 1916 et, lors de ses missions, accueille un équipage d'une trentaine de personnes. Presque dix fois moins !

Le même destin : celui de la navigation aux antipodes et de l'exploration.

Mais *La Boudeuse* de Bougainville est un bâtiment militaire et, à ce titre, elle dispose d'un important équipage militaire ainsi que de 32 canons ! Ce n'est cependant pas tout à fait une frégate comme les autres. Les architectes navals savent quelle va être sa mission, alors ils imaginent un navire original. Pour cela, ils s'appuient sur le savoir-faire d'un chantier naval de la Loire qui a l'habitude de construire des navires de commerce et océaniques. C'est donc un bateau qui est prévu pour être autonome, avec une voilure maniable et plutôt rapide. Il a ainsi pu atteindre la vitesse de 14 nœuds, soit 25 km/h, lorsqu'il est poussé par les puissants alizés.

Après son tour du monde avec Bougainville, *La Boudeuse* reprend sa mission de bâtiment militaire ; elle participe à la guerre d'indépendance américaine et à la prise de l'île de Saint-Barthélemy aux Antilles. Revenue à Toulon, elle se frotte encore de nombreuses fois à la marine britannique pendant la Révolution française, avant de finir plutôt tristement, en 1800, en bois de chauffage pour les boulangeries de la région.

La Boudeuse moderne, quant à elle, est à l'origine un bateau de pêche de harengs, destiné aux mers froides du nord de l'Europe. C'est alors un ketch, c'est-à-dire un bateau avec deux mâts, dont un plus petit à l'avant. En 1916, on construit encore des bateaux à voiles, bien que les machines à vapeur constituent déjà une grosse partie de la propulsion de la marine marchande et de pêche. Le bateau pêche une quinzaine d'années sous pavillon hollandais puis devient suédois. On lui rabote alors son gréement et on le motorise pour en faire un caboteur, c'est-à-dire un petit cargo qui fait des transports régionaux. En 1942, on le rallonge de six mètres et on lui enlève complètement ses voiles. Il naviguera ainsi jusqu'en 1970, quand des passionnés suédois le rachèteront et en feront un trois-mâts qui deviendra navire école. En 2003, Patrice Franceschi le leur rachète et le transforme en profondeur pour en faire un navire d'expédition au long cours. Un clin d'œil à son glorieux aîné !

Le mât avant de *La Boudeuse* moderne.

...POU

PAS ?

RQUOI

SENTINELLE
DE LA SCIENCE EN MER

Pourquoi pas ? Derrière ce nom en forme d'interrogation se cache l'un des bateaux scientifiques français les plus sophistiqués : un véritable laboratoire flottant. Livré en 2005 par les Chantiers de l'Atlantique à Saint-Nazaire, le *Pourquoi pas ?* fait partie de la flotte océanographique française. Cette dernière réunit tous les navires dédiés à la recherche en mer en France et est opérée par l'Ifremer, l'Institut français de recherche pour l'exploitation de la mer, au profit de l'ensemble de la communauté scientifique nationale.

Le *Pourquoi pas ?* est un bateau imposant : il mesure 107 mètres de long et est destiné à la recherche « hauturière », sur toutes les mers du globe, hors zones polaires. Quand les scientifiques et les architectes navals ont réfléchi à sa conception, ils ont imaginé un bateau qui savait tout faire en mer, qui puisse mener toutes sortes d'expériences scientifiques. Il a même été pensé pour mener des missions d'hydrographie, c'est-à-dire effectuer les relevés nécessaires à l'établissement des cartes marines. À ce titre il a été partiellement financé par la Marine nationale pour que le Service hydrographique et océanographique de la Marine (le SHOM), dont le travail consiste précisément à produire des cartes qui servent aux navigateurs partout dans le monde, puisse travailler à bord.

Conçu pour de longues campagnes de 45 jours en mer, le *Pourquoi pas ?* peut embarquer une quarantaine de scientifiques et techniciens. Il est équipé de tout le matériel scientifique de pointe et tout à bord a été pensé pour qu'il soit le plus performant possible. À commencer par ses moteurs. Pour éviter que le bruit de la propulsion ou des hélices ne viennent gêner les expériences scientifiques, les ingénieurs ont étudié tout ce qui pouvait rendre le bateau le plus silencieux possible. Tout, des moteurs aux planchers, a été isolé et installé sur des dispositifs permettant d'éviter les vibrations. Les moteurs électriques et les hélices spécialement étudiées rendent ce navire presque aussi furtif qu'un sous-marin !

Exemple de technologie embarquée : le pénétromètre Penfeld est un appareil de mesures géotechniques. Posé sur le fond, il effectue des mesures à l'aide d'une pointe instrumentée dans le sédiment. Il est conçu pour travailler jusqu'à une profondeur d'eau maximale de 6 000 mètres.

Le *Pourquoi Pas ?* est capable de créer les conditions nécessaires à énormément de campagnes scientifiques, et ce dans presque toutes les mers du monde.

Il est capable de recueillir des données jusqu'à 7 000 mètres de profondeur, d'où son appellation de « navire d'exploration profonde ». Grâce à ses équipements scientifiques et à des prélèvements d'eau réalisés avec une bathysonde, un gros instrument de prélèvements à tubes qui permet le recueil d'échantillons d'eau, il peut fournir ce qui est nécessaire à une meilleure connaissance de tout ce qui se trouve dans la colonne d'eau, ce qui est indispensable pour pouvoir étudier l'évolution de la santé des océans et du climat.
Mais ce n'est pas tout, il peut également réaliser d'excellentes cartographies du fond des océans et de son sous-sol grâce à des instruments très performants baptisés « sondeurs multifaisceaux », accrochés dans une nacelle sous la coque. Ces derniers, associés aux autres équipements acoustiques situés dans la nacelle, permettent de mieux connaître la forme et la nature des fonds sous-marins, d'effectuer des mesures sur le magnétisme, ou encore leur structure géologique.

En plus de tous ces instruments déjà à bord, le *Pourquoi pas ?* peut être adapté à la spécificité de chaque mission. Si elle exige une instrumentation particulière, les équipes scientifiques peuvent l'amener dans un conteneur laboratoire qui est installé sur le pont puis relié au reste des systèmes du bateau. Et, cerise sur le gâteau, le bateau peut aussi embarquer et mettre en œuvre des engins sous-marins et des robots téléguidés qui permettent d'aller encore plus loin dans l'exploration des grands fonds. Dans les laboratoires du navire, biologistes et géologues étudient les écosystèmes profonds, s'intéressent à la nature des roches et des sédiments ramenés par l'intermédiaire des engins, ou en réalisant des carottages permettant de prélever des échantillons de sédiments pouvant atteindre 35 m dans le sous-sol sous-marin.

Le *Pourquoi pas ?* sait faire plein de choses et il a déjà sillonné les mers du monde entier. Il a permis de faire avancer la recherche dans de nombreux domaines : la géologie, l'océanographie, la qualité des eaux, l'évolution de l'environnement marin, etc. Grâce au travail des scientifiques à bord et dans leurs laboratoires à terre, les données recueillies servent à découvrir des nouvelles molécules et bactéries utilisées en médecine, à comprendre les courants marins et donc l'évolution du climat, à mieux cartographier les fonds, à mieux prévoir les tremblements de terre, mais aussi à suivre les populations d'algues, de plancton... Tout ce qui fait la richesse de nos connaissances et permet de protéger nos océans.

Le navire hauturier *Pourquoi Pas ?* de la flotte océanographique française opérée par l'Ifremer. Avec ses 107 mètres de long, cet imposant navire est l'un des bateaux scientifiques français les plus sophistiqués.

Le *Nautile* à l'arrière du *Pourquoi Pas ?*

L'IFREMER, UN INSTITUT DE RECHERCHE AU SERVICE DES SCIENCES DES OCÉANS

Tout a commencé après la Première Guerre mondiale, quand le gouvernement décide de créer un organisme dédié aux sciences et techniques liées aux pêches maritimes : l'OSTPM (Office scientifique et technique des pêches maritimes) naît en 1918. Bien entendu, il s'agit d'abord de pouvoir renseigner les pêcheurs en comprenant comment se déplacent les bancs de poissons, comment ils se reproduisent, en quelle quantité ils se trouvent dans la mer, etc. Les chercheurs ont des laboratoires à Paris, où ils analysent la bactériologie et la chimie, et ils commencent à cartographier les zones de pêches.

C*'est le début de la flotte océanographique française !*

Rapidement, de nouveaux laboratoires s'ouvrent sur les différentes côtes françaises. Deux chalutiers sont réaménagés pour devenir des navires de recherche dès le début des années 1920 et le premier navire scientifique, le *Président-Théodore-Tissier* est construit en 1932. C'est le début de la flotte océanographique française !

À la fin des années 1950, la France décide de se doter d'une véritable recherche dans les sciences de la mer. On renforce les laboratoires existants sur les côtes, on débloque des crédits et on construit un grand bateau dédié à la science, le *Jean Charcot*. Parallèlement, l'Institut scientifique et technique des pêches maritimes (ISTPM, héritier de l'OSTPM), continue à accompagner les pêcheurs et les ostréiculteurs en faisant des recherches à la fois sur les espèces pêchées, mais aussi sur les techniques et le matériel utilisés par les pêcheurs.

En 1984, deux institutions, le CNEXO (Centre national pour l'exploitation des océans), dédié à la science, et l'ISTPM, tourné vers la pêche, fusionnent ; l'Ifremer (Institut français de recherche pour l'exploitation de la mer) est né. Désormais basé à Brest, l'Ifremer compte 25 stations de recherche en métropole et dans les Outre-mer. Plus de 1500 personnes y travaillent dans tous les domaines des sciences de la mer, et une majorité est dédiée à l'halieutique, c'est-à-dire l'étude des pêcheries et des populations de poissons, mais également à la biologie marine, la géophysique, la géologie, la courantologie, des fonds du Pacifique à l'estuaire de la Gironde.

Depuis janvier 2018, l'Ifremer est également au cœur de la toute nouvelle flotte océanographique française, qui regroupe tous les bateaux scientifiques appartenant à la recherche publique française. C'est elle qui coordonne le programme de ces bateaux de toutes les tailles qui vont des très grosses unités comme le *Pourquoi pas ?* aux petits mais indispensables navires de station, qui passent les côtes au peigne fin et assurent l'enseignement de l'océanographie aux futures générations de chercheurs.

S'y ajoutent de nombreux équipements scientifiques comme le sous-marin habité *Nautile*, les robots téléopérés *Victor 6000* et *Ariane*, les drones sous-marins *AsterX* et *IdefX*, ainsi que tous les systèmes embarqués, à poste ou mobiles, nécessaires aux travaux océanographiques. La haute technologie au service de la connaissance indispensable des océans !

Le *Thalassa* à bord duquel est embarqué le robot téléopéré *Victor 6000*. Une grande partie de son activité porte sur l'écologie des populations et l'évaluation des espèces exploitées en Manche, Golfe de Gascogne et mer du Nord.

POURQUOI PAS ? UNE LIGNÉE DE BATEAUX EXPLORATEURS ET SCIENTIFIQUES

Les noms des bateaux sont rarement choisis au hasard. Celui du *Pourquoi pas ?* ne fait pas exception. Il est l'héritier d'une série de bateaux d'exploration prestigieux, qui ont tous appartenu à Jean-Baptiste Charcot. Ce dernier est un des pionniers de la découverte du Grand Nord et notamment des terres polaires, qu'il a longuement explorées au tout début du XXe siècle.

Jean-Baptiste Charcot est né en 1867 à Paris. Comme son père, célèbre neurologue, il étudie la médecine et, en même temps, apprend à naviguer à la voile et voyage beaucoup dans toute l'Europe, surtout du Nord. Alors qu'il est encore interne, il décide de faire construire son propre voilier, le *Pourquoi pas ?*, sur lequel il fait des petites croisières et perfectionne ses connaissances nautiques. Il le revend rapidement pour acheter le *Pourquoi pas ? II*, une goélette en bois, puis le *Pourquoi pas ? III*, doté d'une coque en fer. Le jeune médecin se passionne pour la mer, mais aussi pour la science. Il imagine rapidement qu'au-delà de la plaisance, il pourrait mettre ses bateaux au service de la recherche. Il commence à mener quelques navigations scientifiques en Europe à bord de son *Pourquoi pas ? II*, puis décide de se lancer dans l'aventure de l'Antarctique, où il va effectuer, en 1903, la première mission

C'est sur les récifs au large de la ville d'Álftanes, en Islande, que le *Pourquoi Pas ? IV* du commandant Charcot a fait naufrage en 1936, sur le retour d'une mission au Groenland.

française dans la zone. Il y hiverne et revient avec des milliers de données qui vont nourrir toute la recherche scientifique.
En 1908, il construit le *Pourquoi pas ? IV*, un trois-mâts spécialement pensé pour l'exploration polaire avec trois laboratoires embarqués. Il retourne en Antarctique où il restera quasiment deux ans et où scientifiques, biologistes, géologues et géophysiciens continueront la découverte du grand continent blanc. Celui qu'on appelle désormais le « commandant Charcot » va également reconnaître et cartographier la zone.

La Première Guerre mondiale arrête provisoirement les explorations scientifiques. Charcot devient médecin militaire, mais il prend rapidement le commandement de bateaux de guerre. Docteur peut-être, mais marin avant tout ! Dès la fin de la guerre, il redevient le capitaine du *Pourquoi pas ? IV* et sillonne les côtes atlantiques et méditerranéennes pour y mener des explorations géologiques grâce à une méthode de dragage qu'il a mise au point.

L'Académie des sciences lui commande une étude du Groenland, sur lequel il fait cap en 1926. Il va l'explorer en profondeur, y récolter de nombreux fossiles, puis travaille à l'installation d'une première station scientifique permanente dans le Scoresby Sund, sur la côte ouest du Groenland. Il va également accueillir Paul-Emile Victor qui mène ses recherches ethnographiques.

C'est en revenant de l'une de ses missions que le *Pourquoi pas ? IV* est pris dans une violente tempête et coule juste devant les côtes islandaises. Un seul marin survivra à la catastrophe. Le commandant Charcot, resté parmi les derniers à bord, est mort le 16 septembre 1936. Un hommage national lui est rendu et son nom reste parmi ceux des grands explorateurs français.

Port-Charcot, baie de l'île Booth dans l'archipel Wilhelm, en Antarctique, fut un lieu d'hivernage lors de la première expédition Charcot, sur le bateau *Le Français*. Cette baie est ainsi nommée en référence au père du Capitaine Charcot. On y trouve un cairn de roches avec un pilier et une plaque de bois, sur lesquels sont inscrits les noms des membres de l'expédition.

... LES

ABEIL

LES

L'*Abeille Bourbon* dans le Raz de Sein, par mer forte, en janvier 2016.

LES ANGES-GARDIENS DU LITTORAL

En mer, il n'y a pas de dépanneuse, pas de pompiers, pas de bande d'arrêt d'urgence et pas de refuge au bord de la route. Quand un bateau tombe en panne, il n'a pas énormément de choix. Il doit attendre les secours les plus proches, qui sont parfois bien loin. Imaginez une panne sur un pétrolier en plein milieu du Pacifique. Rien de très grave, juste un raté qui grippe le moteur. Le bateau s'arrête, il va se mettre à dériver doucement et les mécaniciens du navire vont s'occuper de la panne. S'ils n'arrivent pas à la résoudre, ils attendront quelques jours qu'un bateau vienne les aider ou les remorquer. Et pendant ce temps-là, le navire va doucement suivre le courant. Il ne risque pas de croiser grand monde à cet endroit-là, il n'y a pas beaucoup de cailloux ou de rochers dangereux... Il sera simplement en retard.

Maintenant, imaginez la même scène sur un navire au large de la pointe de la Bretagne. Là où les îles d'Ouessant et de Molène voient passer un quart du trafic mondial qui rejoint les grands ports du nord de l'Europe, avec des milliers de conteneurs sur leurs ponts et des dizaines de milliers de tonnes de pétrole dans leurs cuves. Là où la Manche se jette dans l'Atlantique, où leurs eaux se croisent au gré des marées, où le vent s'engouffre dans le golfe de Gascogne après avoir accéléré tout le long de l'océan. Là où les cailloux aiguisés sont si nombreux sous la surface de l'eau que les Bretons les appellent des chaussées.

Imaginez un bateau en panne entre l'Angleterre et le Cotentin, un ferry avec plusieurs centaines de passagers. Il dérive, porté par les violents courants de la Manche. Il erre au milieu des autoroutes de navires qui montent et qui descendent entre les côtes françaises et anglaises. Il n'a, au mieux, que quelques dizaines de minutes pour

L'Abeille Flandre en exercice de lutte antipollution en mer dans le golfe d'Ajaccio, en 2017.

L'Abeille Languedoc lors d'un Exercice d'Assistance à Navire En Difficulté et de lutte contre la Pollution Maritime par hydrocarbures, en 2017.

réagir avant de s'échouer sur la terre qui est toujours si proche dans cette région.

Imaginez un bateau rempli de gaz naturel liquéfié qui attend son tour pour entrer décharger sa cargaison dans le port de Fos-sur-Mer, à côté de Marseille. Il est au mouillage, il a jeté son ancre dans la zone d'attente, à quelques kilomètres des côtes. Et, d'un seul coup, le mistral, vent violent du nord, s'abat sur lui. Son ancre ne le retient pas, il doit démarrer en urgence sa machine. Et là, elle ne répond pas. Il part à la dérive mais la côte se rapproche de plus en plus vite. Il n'a pas beaucoup d'eau à courir, comme disent les marins...

Des situations qui ressemblent à celle-ci existent et se sont déjà produites pour certaines. Les côtes françaises ont eu leur lot de marées noires, de bateaux échoués et de naufrages. En 1978, il y a la catastrophe de trop. Le pétrolier *Amoco Cadiz* s'éventre sur les rochers de Portsall, tout au bout de la Bretagne, déversant sa cargaison de pétrole et souillant des kilomètres de côte.

Trop, c'est trop. L'opinion publique et les autorités se mobilisent. Il faut que ces catastrophes cessent. À Brest et à Cherbourg, les amiraux qui sont en charge de la sécurité maritime se grattent la tête. Comment faire pour qu'un navire ne s'échoue pas, ne coule pas, ne pollue pas nos côtes ? Il faut un bateau qui soit prêt à intervenir tout le temps, au plus près de ces lieux de trafic intense. Un bateau solide, capable de lancer une remorque, de tirer des navires cent fois plus gros que lui hors de la mer déchaînée et de l'amener à bon port, avec, à son bord, des marins super entraînés qui savent comment intervenir quand les vagues mesurent plus de dix mètres de haut.

Au même moment, au fin fond d'un fjord norvégien, deux bateaux viennent tout juste de sortir du hangar de construction. Une coque noire très épaisse, prévue pour travailler dans les glaces. Un gros treuil et des gros câbles à l'arrière, prévus pour tirer et positionner les plus grosses plateformes pétrolières qui existent à ce moment-là. Quatre moteurs rustiques et puissants. Des bateaux flambants neufs et solides, héritages de la pure tradition viking qui connaît la rudesse de la mer, mais des bateaux abandonnés ; la compagnie suédoise qui les avait commandés a fait faillite.

Les capitaines français, chargés par les autorités de trouver ces tout nouveaux remorqueurs de sauvetage pour Brest et Cherbourg, en entendent parler. Ils arrivent en Norvège, examinent les bateaux et le savent bien vite. Ces deux-là ont tout ce qu'il faut pour affronter les mers bretonnes et normandes. Ils ont suffisamment de puissance pour remorquer les plus gros des superpétroliers. La compagnie des Abeilles, spécialisée dans le remorquage depuis des dizaines d'années, se porte acquéreur de ces jumeaux norvégiens. La Marine nationale signe immédiatement un contrat pour louer leurs services pour le sauvetage et la protection du littoral. Quelques mois plus tard, l'*Abeille Flandre* arrive à Brest et l'*Abeille Languedoc* s'installe à Cherbourg. C'est le début de plusieurs décennies de sauvetage et de centaines de catastrophes évitées.

Exercice de remorquage en 2017, entre un porte-conteneurs de grande taille et l'*Abeille Languedoc*, au large du Havre.

HISTOIRE ET BRÈVE DESCRIPTION TECHNIQUE

Tout le monde sait à quoi ressemble une dépanneuse sur la route : un gros camion, un gros crochet et un gros moteur. Sur la mer, c'est un peu pareil. Un bateau ramassé, à la coque robuste, un gros treuil sur lequel est attaché le câble qui va servir à remorquer le navire en panne et un moteur puissant pour pouvoir tirer les plus gros mastodontes des océans si cela est nécessaire.

L'*Abeille Flandre* et l'*Abeille Languedoc* sont exactement comme cela. Les deux remorqueurs sont nés en 1978 à Ulsteinvik, sur la côte ouest norvégienne, dans les chantiers Ulstein. 63,4 mètres de long, quatre moteurs et une puissance de 12 800 chevaux, 160 tonnes de capacité de traction, une coque prévue pour affronter la glace du Nord. Celui qui les a conçus, Sigmund Borgundvåg, est à l'époque, un jeune architecte naval norvégien. Il ne le sait pas encore mais 35 ans plus tard, c'est lui aussi qui dessinera les sœurs de l'*Abeille Flandre* et de l'*Abeille Languedoc*, les futures *Abeille Bourbon* et *Abeille Liberté*. Au fond de son fjord, il dessine des bateaux en s'inspirant de la nature et des animaux marins qui l'entourent. Il aime les lignes fluides, mais c'est aussi un homme du Nord, qui connaît bien la mer, notamment quand elle est dure. Alors, il dessine de beaux bateaux très solides.

Quand il a imaginé, à la fin des années 1970, ces deux remorqueurs qu'on appelait alors *Neptun Suecia* et *Neptun Gothia*, il n'aurait jamais imaginé qu'ils deviendraient des bateaux de sauvetage au large des côtes françaises. Il a dessiné des navires qui devaient remorquer les plateformes pétrolières. À l'époque, en Norvège, cela fait dix ans qu'on a découvert du pétrole dans la zone côtière. Les chantiers navals des fjords qui, jusqu'ici, construisaient des bateaux de pêche, deviennent vite des grands spécialistes de cette toute nouvelle industrie. Les plateformes pétrolières s'installent en mer du Nord, il faut les ravitailler, y amener le matériel et les hommes qui y travaillent. Et il faut parfois aussi les déplacer quand, par exemple, l'exploitation d'un puits est terminée. On remonte les ancres, on installe un gros câble, et un ou plusieurs puissants remorqueurs tirent la plateforme vers sa nouvelle destination. Parfois, ce voyage peut être très long, comme par exemple entre la Norvège et le golfe du Mexique, autre grande zone d'exploitation pétrolière. Les remorqueurs qui sont capables de faire ces grandes traversées sont appelés « océaniques » : ils ont suffisamment de réserve en carburant pour pouvoir rester très longtemps en mer à remorquer leurs lourds colis à faible vitesse.

C'est donc ce type de bateaux que sont les *Neptun Suecia* et *Neptun Gothia* quand ils sortent des chantiers d'Ulsteinvik. Puissants, solides et océaniques. Un grand pont dégagé à l'arrière pour pouvoir y faire courir le gros câble, baptisé « la remorque », qui les relie à la plateforme ou au bateau qu'ils tirent. Deux puissants treuils, sur lesquels sont enroulées plusieurs centaines de mètres de câbles métalliques très épais. Quatre moteurs qui font tourner deux hélices : le but n'est pas d'aller vite, mais d'avoir beaucoup de puissance, comme une sorte de tracteur des mers. En haut, dans le poste de pilotage que l'on appelle « passerelle », il y a de grandes vitres de tous les côtés. Toutes les commandes sont en double, les unes vers l'avant, les autres vers l'arrière, puisqu'une grande partie des opérations se déroule derrière : il faut que le capitaine ou son second voit ce qu'il se passe quand l'équipage sur le pont connecte la remorque. Pendant les traversées, on doit aussi constamment surveiller le comportement du câble. Il ne faut surtout pas que la remorque soit trop tendue, au risque de se faire emporter par le lourd colis traîné à l'arrière. Il ne faut pas qu'elle soit trop lâche non plus, parce que cela voudrait dire qu'on ne contrôle plus très bien la trajectoire du bateau remorqué. Remorquer un bateau, c'est une attention de tous les instants.

Remorquer un bateau, c'est une attention de tous les instants.

En 1978, l'*Amoco Cadiz*, un très gros pétrolier, s'échoue sur les plages du Finistère. Des centaines de kilomètres de plage sont souillés. Les habitants, les élus, mais aussi l'opinion publique alertée par les nombreux reportages sont excédés. Il faut dire que la Bretagne a subi de très nombreuses marées noires dans les années 1960 et 1970. Située le long d'une des voies maritimes les plus fréquentées au monde, elle voit passer tout le trafic de pétrole entre le golfe arabo-persique et les très grands ports du Nord de l'Europe. Avec les Trente Glorieuses et la très forte croissance économique qui a suivi la Seconde Guerre mondiale, les pétroliers sont devenus de plus en plus gros et de plus en plus nombreux : il fallait alimenter l'Europe en énergie. Et fatalement, le nombre d'accidents a explosé.

Lorsqu'on apprend que l'*Amoco Cadiz*, en avarie de propulsion, aurait pu être sauvé si son propriétaire n'avait pas négocié le prix de son remorquage pendant des heures avant de finalement signer, alors qu'il était trop tard et que le remorqueur arrivé à son aide ne pouvait plus dégager le gros pétrolier des courants de la côte finistérienne, c'est la goutte qui fait déborder le vase. Très vite, la Marine nationale, qui est en charge de la protection du littoral et des opérations de sauvetage en France, réfléchit à un nouveau système. Il faut éloigner les bateaux qui arrivent de la Manche et du golfe de Gascogne en les faisant

Cabine de pilotage de l'*Abeille Languedoc*.

passer très au large de l'île d'Ouessant. Il faut les surveiller en permanence de manière à détecter la moindre anomalie dans leur comportement et réagir au plus vite. Il faut pouvoir imposer au propriétaire d'un bateau en détresse l'obligation d'accepter un remorqueur de secours, sans perdre de temps dans des négociations. Et il faut un bateau qui soit prêt à venir à leur secours 24h/24 et 7 jours/7, quelles que soient les conditions de mer ou de météo.

C'est précisément ce bateau que l'ingénieur des Abeilles est venu chercher en Norvège. Ou plutôt, ces bateaux, puisque la Marine a décidé qu'il en fallait un à Cherbourg et un autre à Brest, pour pouvoir couvrir toutes les zones dangereuses de la Manche occidentale. Et lorsqu'il voit les deux robustes remorqueurs abandonnés le long du quai, il sait donc déjà que c'est précisément ces bateaux-là dont il a besoin. Les Abeilles rachètent les *Neptun Gothia* et *Neptun Suecia*. En 1979, ils rejoignent la France pour commencer leur nouvelle mission au service de la protection du littoral. L'*Abeille Flandre* prend sa station à Brest, sous les ordres du préfet maritime de l'Atlantique. L'*Abeille Languedoc* arrive à Cherbourg sous l'autorité du préfet maritime de la Manche et de la mer du Nord.

L'*Abeille Bourbon* dans le Raz de Sein, par mer forte, en janvier 2016.

FZTF
ABEILLE BOURBON

LES MARINS
ET LES MÉTIERS DU BORD

À bord des *Abeille Flandre* et *Languedoc*, il y a 12 marins. Ils sont issus des rangs de la marine marchande, ce ne sont pas des militaires. La marine marchande est celle des navires de commerce, celle qui transporte des conteneurs, des matières premières en vrac, du pétrole, du gaz, des voitures et, bien sûr, des passagers sur les ferries ou les paquebots. C'est elle qui transporte 90 % des biens que nous consommons tous les jours.

Les « marins de commerce », comme on les appelle, ont une formation qui leur permet de savoir diriger et de manœuvrer le navire, d'utiliser les instruments de navigation pour tracer la route, mais aussi d'entretenir et de réparer les moteurs, la propulsion, tout le système électrique, mécanique, hydraulique à bord, ainsi que tous les appareils, grues et citernes qui se trouvent sur ou sous le pont. Il faut savoir tout faire, pour la simple et bonne raison qu'on ne peut pas appeler un service après-vente quand on est au milieu de l'océan.

D*ans le métier des hommes à bord des Abeilles, il n'y a pas de routine, chaque opération est différente.*

Dans les écoles qui forment les marins et officiers de la marine marchande, on apprend tout cela en théorie. Ensuite, les élèves partent en mer, se frotter à l'élément, quand il fait froid, que le temps est mauvais, que les vagues s'abattent sur le pont et qu'il faut quand même y aller pour vérifier que la cargaison est bien arrimée ou parce qu'il faut aller envoyer les amarres sur le quai. C'est comme cela que l'on apprend à être un marin.

Mais pour devenir sauveteur en mer, il n'y a pas de cours, pas de formation. Pour être celui qui va se trouver sur le pont d'un petit bateau face à l'étrave d'un énorme pétrolier désemparé qui monte et qui descend dans une mer déchaînée, il n'y a pas de cours théorique. Parce que dans le métier des hommes à bord des Abeilles, il n'y a pas de routine, chaque opération est différente. Un jour, ce sera, par grand beau temps, un petit porte-conteneurs flambant neuf dont l'hélice ne fonctionne plus. Le lendemain, dans dix mètres de houle, ce sera une vieille carcasse rouillée avec un équipage exploité à bout de forces qui menacera de couler. On ne sait jamais ce qui va se passer dans cette autoroute des mers qui longe les côtes françaises et qui voit passer toute la modernité, mais aussi toute la misère du monde sur ses eaux.

Alors les marins des Abeilles ont appris au fur et à mesure. Quand la mission a été créée et que les bateaux ont rejoint leurs stations de Brest et de Cherbourg, les marins à bord avaient déjà l'habitude de s'adapter. Quand on remorque des plateformes pétrolières, on sait manœuvrer avec sensibilité, on apprend la patience et l'attention de tous les instants. Les mécaniciens du bord savent aussi que leur bateau ne peut pas tomber en panne, parce que c'est lui qui mène le convoi et qu'il n'a pas le droit de partir à la dérive.

Ensuite, il y a forcément du courage. Ne comptez pas sur ces marins pour le dire, ils sont très pudiques et n'aiment pas tellement qu'on les compare à des héros. Mais il faut quand même avoir un supplément de tripes pour affronter les éléments déchaînés et se porter au secours d'un bateau en mauvaise posture. À bord, les membres de l'équipage préfèrent parler d'entraînement et de discipline. Mais tout le monde ne ferait pas ce qu'ils font.

Exercice de remorquage entre un porte-conteneurs de grande taille et l'*Abeille Languedoc* : l'équipage au travail.

Sur les Abeilles, la hiérarchie ressemble à celle de n'importe quel bateau : un capitaine, son second et son lieutenant, un chef mécanicien et son équipe, le maître d'équipage et les matelots, et le cuisinier. Mais, encore plus que sur n'importe quel bateau, chacun a un rôle bien précis qu'il connaît par cœur et pour lequel il s'exerce tous les jours. Une nécessité quand l'équipage doit rapidement faire face à une situation d'urgence.

Quand le bateau est envoyé pour faire un remorquage, le capitaine fait le point avec les autorités maritimes. Ce sont ces dernières qui décident de l'envoi de l'Abeille, quand ils estiment qu'un navire est en situation de détresse. Pendant le temps du trajet, le capitaine réunit tous ses marins et leur donne tous les éléments nécessaires : la taille et le poids du navire à sauver, s'il transporte des marchandises dangereuses ou polluantes, si l'équipage est encore à bord ou s'il a dû être évacué, s'il y a un incendie ou une voie d'eau, s'il y a encore de l'électricité à bord... Autant de facteurs qui varient d'une intervention à l'autre, et auxquels s'ajoutent bien sûr la météo, la hauteur des vagues, la puissance des courants et surtout la proximité de la côte.

Ensemble, les marins vont décider de la tactique. Est-ce qu'on utilise la très grosse remorque, qui est plus lourde mais adaptée aux gros gabarits ? Ou la deuxième, qui est plus légère mais aussi plus maniable ? Quels types de câbles va-t-on utiliser comme fusibles entre le bateau et la remorque, puisque cette dernière n'est jamais attachée directement ? Qui va aller à bord du navire en détresse pour remplacer l'équipage qui a été évacué ? Quelle longueur de câble va-t-on établir entre le remorqueur et le navire sauvé ? Comment est orientée la mer ? Il ne faut pas que le convoi se retrouve face à la houle. Quel port ou havre est le plus approprié pour le mettre à l'abri ? Rien n'est jamais simple, il faut composer avec tous ces éléments.

Le maître d'équipage, qu'on appelle le « bosco », et les matelots installent le gréement. C'est comme cela qu'on appelle tout le système qui relie le remorqueur au bateau sauvé : le treuil, la remorque et les fusibles, qui casseront en premier si la tension est trop forte. Tout au bout du gréement, il y a un tout petit filin qui va être envoyé à bord du navire avec un fusil à air comprimé. C'est lui qui va permettre ensuite de hisser à bord tout le gréement et de l'attacher à un des points d'amarrage. Sur le pont, avec les matelots et le bosco, il y a le lieutenant qui fait le lien avec la passerelle. Il explique en temps réel ce qu'il se passe au capitaine et au second, qui positionnent au mieux le bateau lors de la manœuvre. Le chef mécanicien est avec eux : c'est lui qui surveille et règle la tension du câble de remorquage. À côté du treuil, le second mécanicien vérifie que le câble se déroule bien, qu'il ne s'emmêle pas. Quand il n'y a plus d'équipage sur le navire sauvé, deux marins de l'Abeille sont envoyés à bord en vedette ou en hélicoptère. Une fois la remorque connectée, il faut évacuer le pont. La tension qui s'y exerce est importante et elle peut parfois avoir des mouvements brusques. Il ne vaut mieux pas être sur la trajectoire d'un épais câble métallique qui subit les soubresauts de la mer.

Depuis 1979, les équipages se sont relayés à bord des remorqueurs de sauvetage. Les anciens, qui ont appris au fur et à mesure, ont rapidement formé des relèves de marins volontaires pour ce métier particulier. Tous ont appris le nom de chacun des rochers entre Brest et Ouessant,

Octobre 2018, le porte-conteneurs chypriote *Virginia* est heurté par un navire tunisien, *Ulysse* au large du cap Corse, entraînant une catastrophique pollution au fuel. L'*Abeille Flandre* a aussitôt appareillé de Villefranche-sur-Mer pour prendre part aux opérations de sauvetage qui ont permis de récupérer près de 90 % des polluants.

entre Cherbourg et le cap de la Hague. Tous connaissent les veines de courant, la puissance du flot lors des grandes marées d'équinoxe et la vibration du bateau quand la remorque entre sous tension. Tous enfilent leur grosse combinaison de survie étanche en quelques minutes pour rejoindre le pont où chaque mouvement est calculé en fonction des vagues qui s'y abattent quand on prépare le gréement. Quarante ans plus tard, plusieurs générations de marins ont pris soin des vaillants remorqueurs norvégiens qui sont entretenus comme de précieuses horloges suisses. Parce qu'ils savent qu'en mer, dans la furie de temps, ils doivent pouvoir compter sur leurs treuils, leurs moteurs et leur gouvernail, mais aussi parce qu'ils aiment passionnément leurs saint-bernards des mers.

DÉCEMBRE 1999 : LE NAUFRAGE DE L'ERIKA AU LARGE DE LA BRETAGNE

L'*Abeille Flandre* et l'*Abeille Languedoc* ont effectué des centaines d'opérations au large des côtes bretonnes et normandes. On compte par dizaines le nombre de marées noires qu'elles ont épargnées à la côte. Par milliers, celui de conteneurs, de voitures, de tonnes de produits dangereux qui auraient pu finir sur les plages, entre deux eaux ou sur les fonds marins. Elles ont aussi sauvé des marins et des passagers. À Brest et à Cherbourg, elles sont devenues des citoyennes d'honneur connues et aimées de tous. Le baromètre de la météo aussi : dès que le vent souffle un peu, elles s'en vont au large, se pré-positionnent au plus près du trafic et donc des éventuels dangers. Camaret et Bertheaume en rade de Brest, selon que le vent souffle du nord ou du sud, Ouessant quand il dépasse les 35 nœuds. Omonville près du cap de la Hague, la baie de Seine et des longues patrouilles dans le raz Blanchard quand la Manche siffle et rugit. Les Abeilles sont là, toujours en préchauffage et prêtes à démarrer en quelques minutes. Quarante ans de veille et d'opérations, toutes aussi importantes les unes que les autres.

Il y a toutefois une opération dont tout le monde se souvient, vingt ans après l'*Amoco Cadiz*. Le 12 décembre 1999, l'*Erika*, pétrolier maltais, sombre au large de la Bretagne avec 30 000 tonnes de fuel lourd à son bord. Il était parti quelques jours plus tôt de Dunkerque à destination de Messine en Sicile. En Manche, il essuie une tempête hivernale qui secoue fortement les navires. Alors qu'il arrive devant Ouessant, il est évident qu'il y a un problème à bord. La structure fatiguée du navire lâche, la cargaison n'est plus contenue dans les cloisons intérieures du bateau. Le pont commence à montrer les premiers signes de fissure.

Cette nuit-là, l'*Abeille Flandre* est à Ouessant, son poste avancé quand le temps est mauvais. L'hiver est dur et les tempêtes s'enchaînent depuis plusieurs semaines. Cela fait un bout de temps que le remorqueur et ses marins ne sont pas revenus le long de leur quai brestois, ils sont en alerte. Tôt dans la matinée, la préfecture maritime de l'Atlantique les a prévenus : il faut appareiller tout de suite un pétrolier en très grave difficulté devant Belle-Île-en-Mer. Cela fait loin de la zone habituelle d'intervention de l'*Abeille Flandre* mais la situation est tellement grave que les autorités maritimes préfèrent envoyer leur moyen d'intervention le plus puissant.

Pendant le trajet, les informations arrivent. La cargaison de l'*Erika*, son parcours erratique depuis les dernières 24 heures, les fissures sur le pont, l'évacuation de l'équipage par hélicoptère et puis d'un seul coup, la nouvelle tombe : le bateau s'est coupé en deux. Éventré, il largue des milliers de tonnes de pétrole à la mer. Les marins de l'Abeille le savent, cette opération va être très spéciale. Nombre d'entre eux habitent sur la côte bretonne. Ils savent que ce pétrole ne va pas tarder à atteindre les plages et les rochers. Mais ils savent aussi qu'il y a encore plusieurs milliers de tonnes contenues dans les deux parties de l'*Erika* et qu'il faut empêcher ces épaves de s'échouer sur la côte. La course contre la montre s'enclenche.

Les autorités maritimes demandent à l'*Abeille Flandre* de prendre en charge la partie arrière du pétrolier. Deux hommes sont hélitreuillés à bord ; il faut vite trouver un endroit pour attacher la remorque. La coque déchirée est agitée par les soubresauts. Ce n'est plus un bateau, il ne flotte plus normalement, tout est compliqué. L'équipage finit par réussir à tirer sur l'épave, elle bouge, il faut vite partir au large pour la sécuriser et la préparer à un pompage. Pendant de longues heures, les hommes de l'Abeille surveillent cette étrange carcasse, essaient de régler la remorque pour réussir à la faire glisser sur les flots. Ils se battent pendant 48 heures avec le monstre de ferraille qui s'enfonce de plus en plus dans l'eau. Et puis, dans l'après-midi du 14 décembre, l'épave se redresse. Elle s'est remplie d'eau et est en train de couler. Les hommes de l'Abeille le savent, c'est fini, la carcasse va se poser à 120 mètres de fond et la remorque va se casser. À une dizaine de kilomètres de là, la partie avant a elle aussi coulé. Déjà les moyens de pompage sont en route, toute la côte est en alerte. Juste avant Noël, les premières nappes de pétrole atteignent les côtes du Morbihan et de la Vendée.

Ce remorquage a été un combat mais il a été essentiel. Sans l'intervention de l'Abeille, l'épave se serait sans doute échouée sur Belle-Île-en-Mer et aurait occasionné davantage de dégâts.

Le naufrage de l'*Erika*, en 1999 : une catastrophe qui a marqué les esprits.

LA RELÈVE ET L'AVENIR

Printemps 2005, rade de Brest. Deux bateaux entrent dans le port côte-à-côte. L'*Abeille Flandre* est venue accueillir son héritière. L'*Abeille Bourbon* est elle aussi née en Norvège. Elle est grande (80 mètres) et puissante (21 000 chevaux et 200 tonnes de capacité de traction). Elle et l'*Abeille Liberté*, sa sœur jumelle cherbourgeoise, ont été dessinées par le même architecte que leurs aînées, à la différence près que, ce coup-ci, les consignes étaient claires : il fallait un bateau pensé uniquement pour les missions de sauvetage. Un bateau qui soit capable d'accompagner la course au gigantisme qui s'est saisie de la marine marchande, des porte-conteneurs de 20 000 boîtes et des paquebots de 10 000 passagers. L'*Abeille Bourbon* et l'*Abeille Liberté* sont ces remorqueurs-là. Imaginés par les équipages de remorqueurs, fruits de leur expérience et de leur savoir-faire unique. Sitôt arrivées, sitôt au travail, les *Abeille Bourbon* et *Liberté* ont repris le flambeau de leurs glorieuses aînées et la veille tous les jours de l'année devant Brest et Cherbourg.

Les vaillantes *Abeille Flandre* et *Languedoc* ont quitté leur port pour en rejoindre d'autres et aller protéger d'autres côtes. La très bretonne *Abeille Flandre* a rejoint Toulon où elle veille désormais sur une zone immense entre la Corse, les Baléares et les grands ports du Sud. Les marins du Nord ont dû apprendre la Méditerranée, ses coups de vents aussi violents qu'imprévisibles, la mer courte et les rochers des îles Lavezzi, où il y a eu tant de naufrages. Dès que la météo se dégrade, c'est désormais à Ajaccio, Saint-Florent ou au large de la côte languedocienne que patrouille l'*Abeille Flandre*.

L'*Abeille Languedoc* a rejoint les ports nordistes. Boulogne, Dunkerque et le détroit du Pas-de-Calais, un des lieux de passages maritimes les plus fréquentés au monde, où les ferries entre la France et l'Angleterre croisent l'autoroute des navires qui montent vers la mer du Nord et les nombreux bateaux de pêche.

Après plus de quarante ans de bons et loyaux services, les *Abeille Flandre* et *Languedoc* partiront à la retraite en 2022. Elles seront remplacées par de nouveaux bateaux pensés pour le sauvetage. Mais personne n'oubliera les vaillants remorqueurs norvégiens, devenus une légende et le symbole de la protection du littoral.

... TARA

SUPER-HÉROÏNE SCIENTIFIQUE

Connaissez-vous le son de la glace le long de la coque d'un bateau ? C'est un son qui grince et qui craque, un son un peu inquiétant. C'est un son que seuls quelques marins connaissent. Il y a très peu de bateaux dans le monde qui sont capables de se laisser prendre par les glaces. Certains peuvent pousser les bouts de banquises et slalomer entre les icebergs grâce à leur coque renforcée. D'autres peuvent la casser, grâce à leur lourde étrave et leurs machines très puissantes : ce sont les brise-glaces que l'on trouve surtout dans l'Arctique russe et canadien, dans les ports du Grand Nord et qui, pour certains d'entre eux, sont dédiés à des missions scientifiques. Mais il y a très peu de bateaux qui sont construits pour rester dans la glace, pour se laisser emprisonner par elle au rythme du gel et de la débâcle. Il y a eu les grands explorateurs norvégiens. Et puis il y a eu *Antarctica*.

Antarctica, *Seamaster*, puis *Tara* : trois noms successifs pour l'un des rares bateaux au monde capable de se laisser prendre par les glaces.

tara

Dans les années 1980, Jean-Louis Étienne est déjà très connu. Médecin, explorateur et ancien compagnon d'Éric Tabarly, il se passionne pour les hautes latitudes. Il pense depuis longtemps à un bateau qui puisse être pris dans les glaces pour observer, en temps réel, le courant de dérive transpolaire. Celui-ci traverse océan Arctique, glace et débâcle au fil des saisons. Ce phénomène naturel passionne depuis longtemps les explorateurs et les scientifiques. Dès la fin du XIXe siècle, le navire norvégien *Le Fram* s'était laissé prendre dans les glaces pour observer la vitesse de dérive de la banquise. Jean-Louis Étienne, qui savait sans doute déjà à quel point le réchauffement climatique allait prendre de l'importance, voulait réitérer cette expérience. Et c'est ce qu'il souhaitait tenter en construisant *Antarctica*.

Deux mâts, 36 mètres de long et une coque toute ronde pour se poser en douceur sur la glace : *Antarctica* naît dans un chantier de la région parisienne en 1989. C'est le début d'une grande odyssée humaine et scientifique qui va voir la goélette sillonner le monde entier, jusque dans les endroits les plus reculés. En 1996, c'est le navigateur néo-zélandais Peter Blake qui reprend le bateau, le rebaptise *Seamaster* et le dédie à son programme de défense de l'environnement. Son aventure s'arrête tragiquement quand il est assassiné par des pirates sur l'Amazone en 2001. *Seamaster* est amarré en Nouvelle-Zélande et y reste, presque oublié, pendant deux ans. Jusqu'à ce qu'Étienne Bourgois, directeur général de la maison de couture agnès b. et Agnès Troublé elle-même (dite agnès b.), tous les deux passionnés d'océan, le découvrent. Ils décident de l'acheter et de mettre en œuvre le projet Tara Expéditions, c'est-à-dire de partir en exploration pour comprendre et partager les enjeux qui pèsent sur l'océan et de dédier le bateau à des expéditions scientifiques de haut niveau, en partenariat avec de grands laboratoires internationaux. C'est le début de l'histoire de *Tara*, nouveau nom de ce bateau déjà mythique. En 2015, le projet s'érige en fondation et est reconnu d'utilité publique - après quatre expéditions majeures. C'est la première fondation RUP dédiée à l'océan en France.

Comme un hommage à sa vocation, la première grande expédition de *Tara* la ramène dans le pôle Nord, où elle effectue une dérive dans les glaces. Puis, à l'image des premiers naturalistes, *Tara* part pour un très long voyage sur tous les océans du monde où les scientifiques embarqués à son bord

ont soigneusement recueilli des échantillons de plancton. Cet immense travail a permis d'établir une grande base de données sur ces petits organismes qui sont la base de la chaîne alimentaire de tout l'écosystème marin et qui sont un précieux témoin de la santé des océans. En 2014, Tara Méditerranée est dédiée à la pollution plastique. C'est ensuite un grand voyage dans l'océan Pacifique qu'a mené *Tara*, au chevet des coraux qui souffrent, victimes du réchauffement, de l'acidification de l'océan et des pollutions locales diverses. Puis c'est le micro-plastique dans les estuaires des grands fleuves que la goélette est allée prélever. Partout où l'océan est menacé, *Tara* est là avec ses marins et ses scientifiques, sentinelles passionnées de la connaissance et de la protection des océans.

Tara sous voiles.

La coque très reconnaissable de *Tara*, en aluminium, fait 36 mètres de long.

UN VOILIER AU SERVICE DE LA SCIENCE

Tara est une goélette, ce qui signifie qu'elle a deux mâts de la même taille. Grâce à eux et aux voiles à l'avant, elle dispose de près de 400 m² de toile. Ce qui permet de propulser ses 120 tonnes, sa coque en aluminium de 36 mètres de long et tout le matériel scientifique embarqué qui évolue en fonction des expéditions. Imaginée par Jean-Louis Étienne, elle a été dessinée par les architectes Olivier Petit et Luc Bouvet et construite dans le chantier naval SFCN, en banlieue parisienne. De la forme de sa coque, tout en rondeur, épaisse de plus de 4 centimètres et en aluminium pour pouvoir encaisser les chocs avec la glace, à son intérieur aussi isolé qu'un chalet de montagne, tout a été pensé pour que le voilier puisse affronter la glace et les conditions polaires.

C'est un bateau immatriculé en France, dont les marins sont issus de la marine marchande. L'équipage est constitué d'un capitaine, de son second, d'un chef mécanicien, d'un chef de pont, d'un cuisinier et, selon les expéditions, d'un marin spécialisé dans le matériel de plongée. En général, l'équipage est rejoint par une personne en charge des médias, qui s'occupe de raconter, filmer et photographier l'expédition. Souvent, il y a également un artiste qui embarque pour une résidence aux côtés des marins et des scientifiques.

En tout, il y a 16 places à bord du bateau (deux bannettes par cabine), une grande cuisine qui donne sur le carré où l'on mange et deux douches. La vie à bord est bien organisée : les tâches ménagères quotidiennes sont réparties entre toutes les personnes à bord et tout le monde se relaie pour effectuer les quarts avec les marins. La nuit, en navigation, il faut toujours au moins deux personnes à la passerelle. Si jamais il y a une manœuvre à effectuer, on n'hésite pas à réveiller tout le monde : cinq personnes ne sont pas de trop pour hisser la grand-voile ! De manière générale, sur *Tara*, tout le monde apprend le fonctionnement du bateau.

Côté science, le bateau est bien équipé aussi. Sur le pont trône un laboratoire humide qui peut recevoir échantillons et prélèvements directement sortis de l'eau. Il y a aussi une grue pour mettre à l'eau les engins scientifiques, un treuil qui permet de dérouler 3 000 mètres de câbles, ainsi que tout le matériel nécessaire pour la plongée, avec notamment un compresseur d'air. Il y a deux embarcations pneumatiques mises à l'eau pour amener les équipes scientifiques au plus près de leurs lieux d'échantillonnage. À l'intérieur du navire se trouvent un laboratoire sec complet et une cabine équipée de microscope dernier cri. Les scientifiques peuvent transmettre des informations en temps réel à leurs laboratoires à terre puisque *Tara* est équipée d'un système de transmission satellite.

À chaque expédition, le bateau est reconfiguré en fonction des besoins des scientifiques. Pour cela, il est hissé à terre à Lorient, son port d'attache. Les marins et l'équipe technique n'hésitent pas à changer des cloisons de place, à faire passer de nouveaux câbles, à augmenter la capacité de production électrique... Tout est bon pour s'adapter aux besoins de la science !

La voilure de *Tara* représente 400 m^2 de toile.

L'équipage de *Tara* à la manœuvre, lors de la traversée du Pacifique.

Tara à Lorient.

DES EXPÉDITIONS SUR TOUS LES OCÉANS DE LA TERRE

Faire de la science à bord sur un petit bateau à voile, c'est possible.

Tara pris dans les glaces.

Micro-organisme planctonique : image issue d'une expédition *Tara*.

Étienne Bourgois est Président-Fondateur de la Fondation Tara Océan et CIO de la marque agnès b., et il est amoureux de la voile depuis l'enfance. Alors, même s'il a toujours travaillé à Paris, dans l'entreprise familiale, il n'a jamais été trop loin des bateaux et de la mer. En 2003, il découvre en Nouvelle-Zélande que le *Seamaster* de Peter Blake, ancien *Antarctica* de Jean-Louis Étienne, est à vendre. Il l'achète et revient en France. Dès le départ, les propriétaires souhaitent que la goélette retourne à sa vocation : la recherche scientifique. Il lance alors Tara Expéditions et se rapproche du monde de la recherche.

Et rapidement, l'équipe de *Tara*, avec un scientifique nommé Jean-Claude Gascard, spécialiste des Pôles, décide de faire la dérive arctique. En septembre 2006, il rejoint la latitude 82°Nord et entre dans l'océan glacial arctique qui se referme sur lui. Pendant 507 jours, la goélette est enserrée dans la glace et effectue 1800 kilomètres de dérive. À son bord, les marins et les scientifiques travaillent sans relâche pour mener plusieurs études scientifiques dans le cadre du programme européen Damoclès qui s'est fixé pour tâche d'identifier les changements affectant la glace de mer, l'atmosphère et l'océan et d'en évaluer l'impact présent et futur.

Au retour de cette incroyable aventure, la goélette ne reste pas longtemps à quai. Les responsables scientifiques de *Tara* pensent déjà à la suite... et au plancton.

Cette mission grand format sur le plancton partira en 2009. L'idée est de transformer la goélette en outil de collecte d'échantillons de plancton, dans 150 endroits soigneusement choisis dans toutes les eaux de la planète.

Les chercheurs échangent et, rapidement, plusieurs labos adhèrent au projet : les stations biologiques du CNRS de Roscoff, de Banyuls et de Villefranche-sur-Mer, mais également des unités spécialisées dans la biologie moléculaire, l'océanologie, la géoscience et la génomique.

Comme à l'époque des grands explorateurs, la goélette part pour plusieurs années faire le tour du monde et retourne même dans l'océan Arctique pour y effectuer les premiers prélèvements de plancton de la zone. Il s'agit de la première étude du plancton en vue de réaliser une photographie d'ensemble de l'écosystème planctonique mondial.

En 2016, *Tara* s'attaque à un nouveau domaine : le corail. Dans le Pacifique, le corail est un témoin de l'évolution du climat. Sous l'effet de l'augmentation de la température de l'eau et de l'acidification des océans, le corail souffre et meurt. Avec lui disparaît toute une faune de petits poissons et de petits organismes très importants dans la vie du récif. Mais ce sont aussi les communautés des hommes des archipels du Pacifique, dont les îles sont protégées par des barrières de corail, qui sont menacées. Alors, pendant plus de deux ans et demi, *Tara* va dans tous les atolls, en Océanie, en Asie, à Hawaï et partout dans le Pacifique pour que les scientifiques puissent plonger et prélever de petits bouts de corail qui racontent dans quel état ils sont.

Durant ces grands voyages, en Méditerranée, en Arctique et dans le Pacifique, les scientifiques le constatent : le plastique est partout en mer. Alors en 2019, *Tara* décide de consacrer une mission toute entière à la chasse au micro-plastique. Pendant six mois, la goélette prélève de l'eau à l'embouchure de dix grands fleuves européens. Là encore, les scientifiques échantillonnent soigneusement et profitent de chaque escale pour accueillir à bord le grand public et le sensibiliser à leur démarche et aux grands enjeux de l'environnement.

Tara fête ses trente ans. Trente années durant lesquelles elle a été un inlassable ambassadeur de la science et de la protection des océans. Et sa mission est loin d'être finie.

Récolte d'eau de mer autour de récifs coralliens, à l'aide de filets Bongo, dans le Pacifique.

Le filet Manta et la bouteille de récupération d'eau Niskin, deux outils embarqués sur *Tara* qui ont permis de faire des prélèvements, dans le cadre des études menées sur la pollution plastique.

FOCUS :
UNE TRAVERSÉE DU PACIFIQUE À BORD DE TARA

Et pour comprendre comment fonctionne un bateau, rien de mieux que d'embarquer. Ce que j'ai eu la chance de faire. Il est temps de rejoindre la goélette, je vous embarque !

Fin du printemps à Tokyo. *Tara* quitte son quai pour une traversée de près de 3 500 milles vers l'archipel américain de Hawaï. Près de trois semaines de mer pour l'équipage de dix personnes, marins et scientifiques, qui vont affronter ensemble le Pacifique nord.

Menée par Fabien, chercheur en océanologie à l'Observatoire de Villefranche-sur-Mer et grand spécialiste du plancton, une équipe scientifique franco-japonaise a embarqué à Tokyo. Pour Lorna, la Française, et Rumi et Hiro, les deux Japonais de l'université de Kyoto, c'est une grande première à bord de la goélette. Tous les matins et tous les soirs, ils vont mettre en œuvre différents moyens de prélever de l'eau de surface pour soigneusement récupérer, échantillonner, observer et conserver les espèces de plancton recueillies.

Tout est prêt à bord de *Tara* : le laboratoire humide sur le pont où les échantillons d'eau recueillis seront filtrés, mis en fiole, voire dans l'azote liquide pour ceux qui se feront analyser plus tard ; le laboratoire sec, à l'abri dans le bateau, où l'on peut déjà, en temps réel, procéder à des analyses sur la composition des échantillons.

La goélette sort de la baie de Tokyo et se dirige vers l'océan. Pour leurs premiers jours sur le Pacifique, la mer n'est pas clémente avec l'équipage et les scientifiques. Le vent forcit, la houle grossit, *Tara* roule bord sur bord et il n'y a pas grand monde à la table du dîner.

À la passerelle, les quatre marins du bord sont réunis. Loïc, le chef mécanicien, Charlène, le second capitaine et Louis, le chef de pont, entourent Yohann, le capitaine. Ils regardent les cartes météo qui n'annoncent toujours pas de bonne nouvelle. Les marins essaient de soulager les organismes fragilisés par ces premières heures sportives en stabilisant un peu le bateau. Ils décident de hisser la trinquette, une des voiles d'avant, qui va faire contrepoids au roulis. Quelques heures plus tard, sous un crachin mordant, ils bravent à nouveau les éléments pour monter deux autres voiles, le yankee et la misaine.

Cinquième jour de la traversée. Il fait enfin beau, on a pu hisser toutes les voiles. Les marins et les scientifiques entourent le *high speed net* (HSN), le filet haute vitesse. Largué à l'arrière du navire, il permet de recueillir des échantillons d'eau à travers un filtre de 300 microns. Les quatre scientifiques s'affairent méticuleusement autour de tous ces échantillons. Et le soir, cela recommence.

L'antiméridien. La ligne, à l'exact opposé de Greenwich, qui est à la fois le 180° Est et le 180° Ouest. Celle qui fait changer de date. *Tara* l'a franchie sans cérémonie particulière après une douzaine de jours de mer sur sa route entre Tokyo et Hawaï. Seules les coordonnées consignées au journal de bord témoignent de ce passage de l'Orient à l'Occident. Depuis le départ du Japon, l'heure a déjà été avancée trois fois et à l'approche d'Hawaï, l'équipage s'apprête à vivre deux fois la même journée. Les traits sont un peu tirés et les réveils, nocturnes et diurnes, parfois difficiles.

Tous les matins, c'est le même rituel. La grue à tribord est débordée et le Dolphin mis à l'eau. Le Dolphin, invention – comme tous les autres appareils de prélèvement de plancton embarqués sur Tara - des chercheurs de l'Observatoire de Villefranche-sur-Mer, sert à aspirer l'eau de surface. Déployé pendant une heure, il « envoie » sur le pont de *Tara* quatre mètres cube d'eau par heure via une pompe. Un premier filtrage à 2 millimètres, visant à retenir les plus gros organismes, est effectué avant l'arrivée au laboratoire installé sur le pont. L'eau passe ensuite par un filtre de 20 microns qui permet l'échantillonnage de plancton.

Pour cela, elle est séparée en plusieurs échantillons et mélangée avec différents produits : du lugol pour teinter le phytoplancton, du formol et de l'éthanol pour les études génétiques. L'éthanol permet la conservation de l'ADN. On injecte une première dose à l'échantillonnage, on laisse reposer une nuit, le temps que les organismes rendent de l'eau, et on remet une deuxième dose pour qu'il soit envoyé dans les meilleures conditions aux laboratoires à terre. Un autre échantillon est examiné directement à bord grâce à la flowcam, une caméra qui permet la photographie et la reconnaissance des différentes espèces de plancton recueillies.

Autour de *Tara*, l'océan commence à prendre une belle teinte indigo au fur et à mesure que la route descend vers le sud. Après les premières journées tumultueuses, le vent et la houle se sont apaisés. Yohann, le capitaine, ne quitte jamais vraiment les voiles des yeux.

Le pilote automatique de *Tara* est programmé pour garder un angle constant par rapport au vent, ce qui signifie que si ce dernier tourne, le bateau le suivra. Mais la route du vent favorable n'est pas forcément celle que l'on doit prendre. Alors les marins regardent sur la carte là où le vent les pousse, comparent la trajectoire qui doit être effectuée pour atteindre Honolulu. Garder les voiles hautes ? Affaler la grand-voile et garder la misaine ? Pousser les moteurs ? La navigation, c'est une stratégie. Et elle a deux objectifs : créer les meilleures conditions possibles pour l'échantillonnage et arriver à l'heure à Hawaï, où une équipe de scientifiques spécialisés dans le corail embarquera pour une semaine de prélèvement dans l'archipel.

Le HSN est un filet à haute vitesse qui permet de faire des prélèvements de surface.

Le Dolphin tout juste récupéré à bord.

Triste constat : lors de ses différentes missions, dans les échantillons relevés, les équipes de *Tara* retrouvent systématiquement des morceaux plus ou moins gros de plastique.

L'eau de mer se réchauffe. À la machine, la température des planchers atteint déjà 45 °C. Loïc, le chef mécanicien, se faufile tête baissée entre les moteurs. La machine, à bord de *Tara*, c'est tout un circuit d'énergie organisé et adapté en permanence au service de la science. Les machines à plusieurs dizaines de milliers d'euros du laboratoire doivent être alimentées en électricité en permanence et ne peuvent souffrir de coupures de courant prolongées. Alors un circuit d'approvisionnement d'énergie leur est dédié, et Loïc surveille tout cela en permanence.

Sur le pont, Fabien examine l'échantillon de plancton fraîchement recueilli. *Tara* s'approche des côtes hawaïennes. On aperçoit de plus en plus de pailles-en-queue qui tournent autour du mât et quelques nuées de poissons volants. Et dans les filets, du plastique. On est encore très loin du fameux « continent » de plastique qui a été localisé entre Hawaï et la côte ouest américaine, mais, dans tous les échantillons prélevés matin, midi et soir, on retrouve des fragments plus ou moins épais de plastique. Les scientifiques s'y attendaient un peu.

Dans l'entonnoir, les débris plastiques sont si gros qu'ils ne passent pas par le goulot. Ils sont complètement colonisés par de petits mollusques. En effet, le plastique devient un habitat pour la faune marine. La pollution plastique, qui, pour mémoire, provient à 80 % de la terre, ne se biodégrade pas. Elle commence par flotter puis, soumise aux rayons UV, se désintègre en fragments de plus en plus petits. C'est le micro-plastique : de petites particules qui entrent dans l'écosystème marin, soit en tant que « radeau » pour certaines espèces, soit dans la chaîne alimentaire de la faune marine.

Au bout de ce processus, les micro-plastiques finissent par atteindre les fonds marins. Évidemment, cela a des conséquences pour le plancton et la faune marine en général car le plastique ne se digère pas. Toute la faune qui le consomme risque une occlusion intestinale, de la baleine à la tortue en passant par les plus petits organismes. À cela s'ajoute le transfert de contaminants chimiques, comme par exemple le retardateur de flamme que l'on ajoute systématiquement dans les plastiques. Cette molécule est un important perturbateur endocrinien pour la faune. Toutes ces substances s'accumulent dans la chaîne alimentaire.

Et ce n'est que la partie émergée de l'iceberg. Le plastique agit aussi comme une micro-éponge pour d'autres substances chimiques. Il les concentre donc tout le long de la chaîne alimentaire. Par exemple, les métaux lourds : la plupart des organismes marins ne savent pas les dégrader. Ils vont donc conserver ces substances toxiques qui passeront dans l'estomac de leurs prédateurs. C'est ainsi que l'on retrouve des taux très inquiétants de ces métaux lourds dans, par exemple, le thon ou le saumon. Les plus gros débris, eux, mettent beaucoup plus de temps à se décomposer et continuent à flotter. Sous l'influence des courants, les morceaux de plastique se concentrent en énormes plaques que l'on retrouve dans tous les océans de la planète.

Charlène, le second capitaine, commence à préparer les cartes de l'archipel d'Hawaï. *Tara* ne s'arrêtera pas longtemps à Honolulu : à peine 48 heures, le temps de faire les vivres, le soutage et d'accueillir les embarquants. Une nouvelle équipe scientifique franco-américaine rejoint le bord pour six jours consacrés à des prélèvements de corail et de poissons récifaux dans l'archipel. Les échantillonnages de plancton se poursuivent également durant cette petite expédition.

Après cela, *Tara* repasse en configuration océanique pour une nouvelle traversée qui l'amène à Portland, dans l'Oregon. Ensuite, ce sera San Diego, puis Clipperton, le Mexique, le canal de Panama et la côte est américaine avant la transat retour vers Lorient. Cela signera la fin d'une expédition qui aura duré deux ans et demi, en attendant la suivante.

... ENE
OBSE

RGY

RVER

Energy Observer, reconnaissable entre tous avec ses panneaux solaires et ses ailes de propulsion Oceanwings®.

UN ANCIEN BATEAU DE COURSE DEVENU AMBASSADEUR DES ÉNERGIES RENOUVELABLES

Imaginez le bateau du futur. Un bateau qui ne pollue pas et qui utilise toutes les énergies propres et renouvelables que la planète a à offrir. Eh bien, ce navire existe déjà et porte le nom d'*Energy Observer*.

Plus qu'un bateau, *Energy Observer* est une plateforme, un laboratoire à ciel ouvert qui a sillonné les côtes de France et d'Europe et qui s'apprête désormais à parcourir le monde pour tester, en conditions réelles, ces nouvelles énergies propres. Baptisé le 6 juillet 2017 à Paris, il était à l'origine un ancien catamaran de course, Formule TAG, construit au Canada en 1983 et qui est resté célèbre après avoir remporté le Trophée Jules Verne en 1994 aux mains de Peter Blake et Robin Knox-Johnston, sous le nom d'*Enza New Zealand*.

Derrière ce projet, il y a Victorien Erussard, son capitaine et fondateur, et Jérôme Delafosse, le chef d'expédition et réalisateur de documentaires. Autour d'eux, une équipe de navigateurs, d'ingénieurs et de reporters travaillant à Saint-Malo, Paris, ou Grenoble. À côté des marins, des chercheurs ont rejoint l'aventure, et notamment des spécialistes des technologies des énergies nouvelles et des nanomatériaux du Commissariat à l'énergie atomique, mais également d'autres spécialistes en recherche et développement. Pendant deux ans, cette cinquantaine de personnes a travaillé d'arrache-pied pour transformer le catamaran de légende de 30 mètres de long et 13 mètres de large en un concentré d'innovations.

Le pari d'*Energy Observer* est de trouver la combinaison idéale de toutes les énergies renouvelables que l'on peut utiliser en mer. Certaines sont intermittentes, c'est-à-dire qu'elles ne fonctionnent pas en permanence : par exemple, les panneaux photovoltaïques ne fonctionnent évidemment pas la nuit ou quand il pleut, et les ailes de propulsion appelées Oceanwings® dépendent de la force du vent. D'autres ne sont pas encore répandues en mer, comme la pile à combustible permettant de créer de l'électricité à partir de l'hydrogène vert produit et stocké à bord. Alors l'idée d'*Energy Observer*, c'est de les faire fonctionner ensemble grâce à un système intelligent de pilotage, de distribution et de stockage de l'énergie développé au départ avec le Commissariat à l'énergie atomique et les ingénieurs Energy Observer.

Pendant trois ans, *Energy Observer* a sillonné les mers d'Europe. Il a mis tous les systèmes à l'épreuve des embruns. À terre, à chaque escale, son équipage est allé à la rencontre du public pour sensibiliser petits et grands à ces nouveaux modes de navigation, indispensables pour un transport maritime plus respectueux de l'environnement.
Désormais, c'est aux grandes traversées océaniques que va s'attaquer *Energy Observer*. Il entame un tour du monde qui va lui permettre de se frotter à encore plus de conditions de mer différentes, mais aussi d'aller à la rencontre du plus grand nombre.

Victorien Erussard, capitaine et fondateur (à gauche), et Jérôme Delafosse, chef d'expédition et réalisateur de documentaires (à droite).

Energy Observer, à la pointe de l'innovation et à l'assaut des mers du monde.

UN CONCENTRÉ DE TECHNOLOGIE VERTE

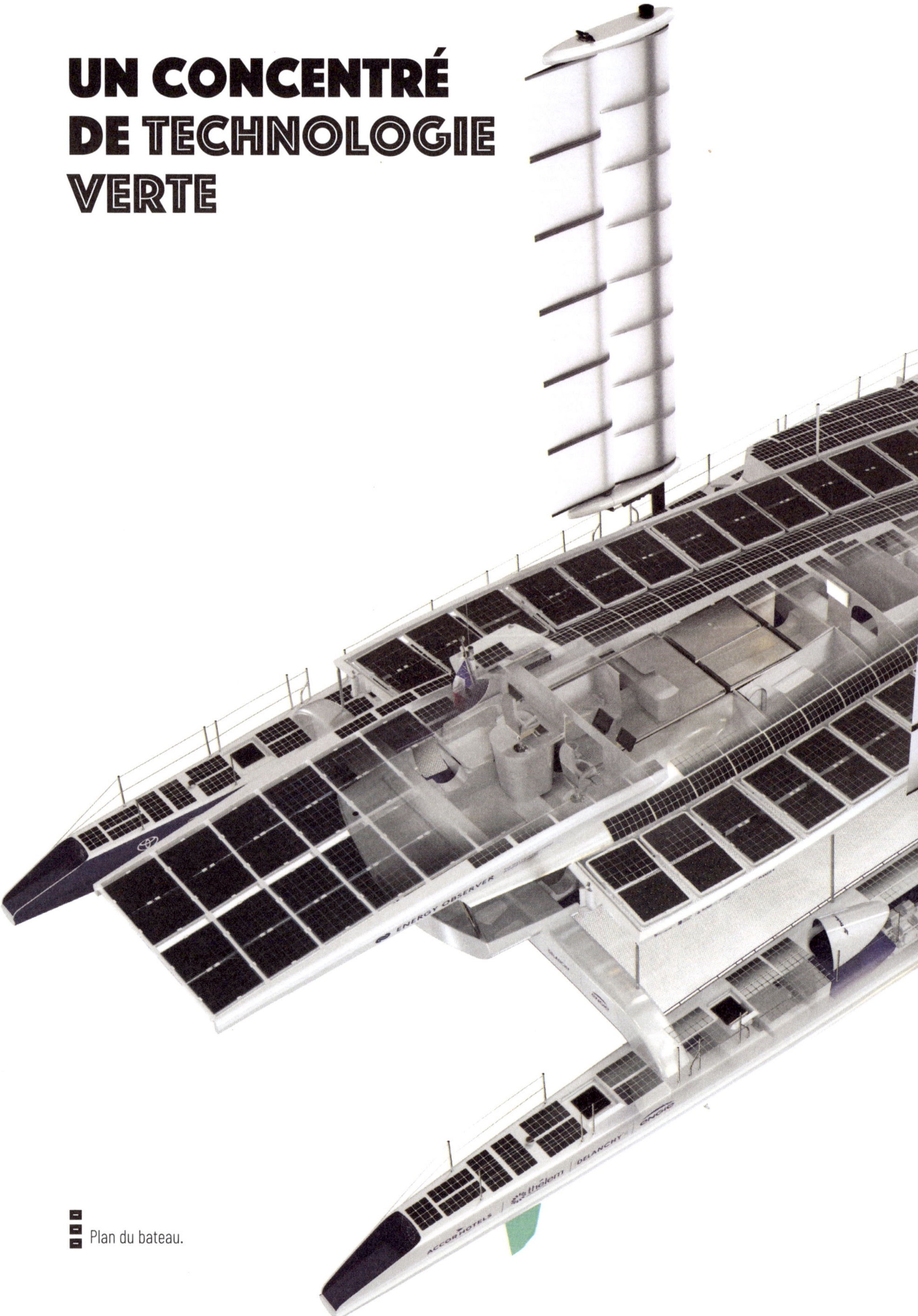

Plan du bateau.

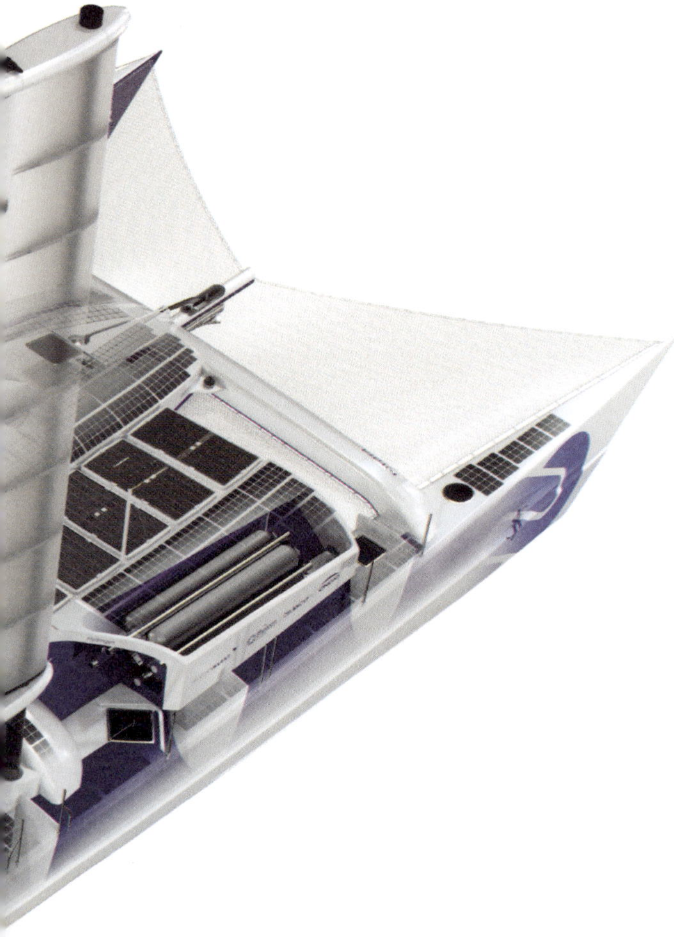

Les extérieurs d'*Energy Observer* sont recouverts de 202 m^2 de panneaux photovoltaïques à haute performance.

La pile à combustible CEA-Liten à bord d'*Energy Observer*.

L'un des 8 réservoirs de stockage d'hydrogène.

Qu'est ce qui peut faire avancer un navire tout en respectant l'environnement ? L'énergie du soleil, celle du vent, celle des vagues et même celle de l'eau. Et tout le matériel nécessaire à cela est sur *Energy Observer* !

Tout d'abord, les extérieurs d'*Energy Observer* sont recouverts de 202 m^2 de panneaux photovoltaïques à haute performance, avec une puissance maximum de 34 kWc, développés par Solbian et qui présentent des niveaux de rendement parmi les meilleurs au monde. Les panneaux ont été réalisés sur mesure pour pouvoir épouser la forme de la coque. Comme toute cette surface doit rester compatible avec le passage des marins, elle est recouverte d'un revêtement antidérapant. Près des flotteurs et à l'arrière, des panneaux bifaciaux recueillent les rayons solaires directs mais aussi indirects, par réverbération sur la coque et les flots.

> ***Qu'est-ce qui peut faire avancer un navire tout en respectant l'environnement ?***

Cette énergie, générée par le soleil et le vent, est stockée dans des batteries. Celles-ci sont reliées à deux circuits différents. Le premier sert pour la vie à bord. Le deuxième circuit, avec une tension plus élevée, est dédié à la gestion de la propulsion et surtout à l'alimentation du moteur principal.
Par ailleurs, le bateau est équipé d'une technologie révolutionnaire : une chaîne complète d'hydrogène à son bord. Deux piles à combustible, l'une à bâbord, développée par le constructeur automobile Toyota en collaboration avec les ingénieurs d'Energy Observer Developments, et la seconde, à tribord, développée par le CEA-Liten. Toutes deux fonctionnent avec de l'hydrogène. Cette molécule, la plus répandue au monde, est très simple à produire. Il suffit de disposer d'eau (H_2O) qui, *via* une électrolyse, se décompose en oxygène (O_2) et en dihydrogène (H_2). Le premier est relâché dans l'atmosphère et le second est compressé et stocké à bord dans plusieurs réservoirs. Celui-ci est ensuite réutilisé par une pile à combustible, qui génère la réaction chimique inverse, c'est-à-dire qu'elle produit de l'énergie électrique et thermique en associant hydrogène et oxygène. Il en résulte également de la chaleur qui est revalorisée à bord. Cette technologie présente l'avantage de ne produire aucun gaz nocif ou à effet de serre ! Elle intéresse d'ailleurs de plus en plus tous les grands transporteurs maritimes et pourrait éventuellement être installée sur des très gros navires.

En plus de tout cela, *Energy Observer* est équipé d'ailes de propulsion. Les Oceanwings® sont de véritables ailes de propulsion développées par l'architecte naval français Marc Van Peteghem (VPLP) et la CNIM, qui ont notamment beaucoup travaillé dans le milieu de la course au large. Beaucoup plus efficace que des voiles classiques, le système ressemble à une grand-voile divisée en deux panneaux et s'inspire des ailes rigides qui sont régulièrement utilisées lors de la prestigieuse Coupe de l'America.
Ces ailes sont rotatives à 360° et sont complètement automatisées. Sur *Energy Observer*, elles permettent d'augmenter la vitesse en complément des moteurs électriques, ce qui engendre une réduction des dépenses énergétiques. Mais elles permettent également de produire de l'énergie tout en naviguant et donc d'alimenter le système d'hydrolyse nécessaire à la production d'hydrogène.
L'installation de ces ailes automatisées constitue une première étape pour réduire l'impact environnemental du transport maritime mondial. Leur utilisation régulière a permis d'économiser jusqu'à 44 % d'énergie sur un parcours type d'*Energy Observer*.

En bref, tous ces systèmes travaillent ensemble, parfois certains plus que d'autres en fonction des conditions de météo ou de mer, et permettent à *Energy Observer* de montrer à tous que l'on peut naviguer sans émettre la moindre pollution et en totale autonomie sous toutes les latitudes. Un système fiable et performant qui pourrait être déployé à grande échelle, en mer comme sur terre !

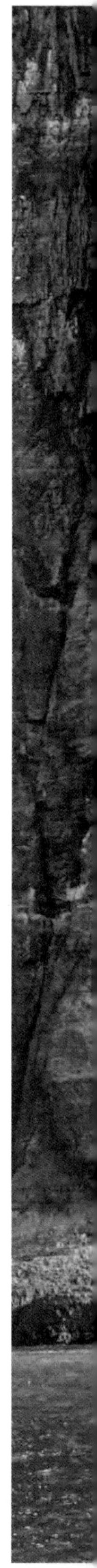

Energy Observer sur le canal de Kiel, qui relie la mer du Nord à la mer Baltique.

UNE ODYSSÉE DE 7 ANS AUTOUR DU MONDE

Si *Energy Observer* est une véritable prouesse technologique et une belle démonstration de savoir-faire, c'est aussi un véritable ambassadeur des énergies propres, une « *Calypso* zéro émission » comme le décrit Jérôme Delafosse, son chef d'expédition, en faisant référence au bateau du commandant Cousteau.
La vocation d'*Energy Observer* et de son capitaine, nommé premier ambassadeur français des objectifs de développement durable, est de sensibiliser le grand public, les institutionnels et le monde économique, tout en faisant le lien avec des initiatives locales. Pour cela, le bateau a un programme chargé : sept années de navigation en allant à la rencontre des pionniers qui innovent pour la planète. Avec aussi pour but de rassembler toutes les bonnes idées, de créer un réseau entre tous ceux qui veulent trouver des solutions pour lutter contre le changement climatique et ceux qui ont déjà trouvé des applications concrètes dans ce domaine.

Energy Observer veut notamment montrer que l'énergie verte, quand elle est bien mise en œuvre, ne coûte pas plus cher que celle qui provient des combustibles fossiles. Et qu'elle peut même être rentable !
Comme l'explique Jérôme Delafosse, « *le message est simple : si on peut faire le tour du monde sur un bateau sans carburant fossile, des maisons, des quartiers et des villes peuvent aussi devenir autonomes grâce au mix énergétique.* »
Fin 2019, le bateau avait déjà effectué plus de 18 000 milles nautiques, 48 escales dans 25 pays, en naviguant d'Anvers à Londres avec une étape historique au Spitzberg, épicentre du changement climatique. L'équipage a ainsi rencontré tous types de conditions météo, avec des températures extrêmes, et ils ont pu constater que leur système fonctionnait bien et que les ailes de propulsion permettaient une économie de près de 40 % d'énergie.

En 2020 et suite à la pandémie du Covid-19, l'équipage d'*Energy Observer* a revu son programme qui devait le conduire à Tokyo durant les Jeux Olympiques d'été.
Après sa première transatlantique depuis Saint-Malo en autonomie complète, *Energy Observer* va recentrer son parcours autour de la mer des Caraïbes, jusqu'au triangle d'or de la biodiversité dans le Pacifique puis la forêt Amazonienne, pour des tournages sur les enjeux de protection de la biodiversité.

Energy Observer en Suède.

En Norvège : le long des côtes de l'île aux ours et dans l'archipel de Svalbard, la terre la plus septentrionale du pays.

Energy Observer, à la rencontre des glaciers au Spitzberg, région arctique cruciale du point de vue du changement climatique.

L'équipage du bateau, à l'assaut des glaces.

Energy Observer à Londres.

... NOM
DES M

ADE

ERS

Proue du *Nomade des Mers*.

LE LABORATOIRE DES LOW-TECH

Pour reprendre les mots du site **Low-tech Lab** - lowtechlab.org -, les « low-tech » sont des technologies, des services et des savoir-faire qui répondent à des besoins essentiels dans des domaines tels que l'énergie, l'alimentation, l'eau, la gestion des déchets, les matériaux de construction, l'habitat, les transports, l'hygiène ou encore la santé. Elles sont durables, car autant que possible robustes, réparables, recyclables, et pensées pour que leur impact écologique et social soit optimal. Enfin, elles sont accessibles au plus grand nombre, tant du point de vue financier que du point de vue de leurs utilisations.

Pour Corentin de Chatelperron, les low-tech sont une évidence depuis toujours et il a mis ses études d'ingénieur au service de ses convictions pour les faire avancer. Et pour cela, rien de tel que la pratique grandeur nature. En 2010, il est fraîchement expatrié au Bengladesh. Là-bas, il travaille sur le chantier naval TaraTari, qui produit des bateaux en composite et fibre de verre. Rapidement, il réfléchit au moyen de remplacer la fibre de verre par un matériau local et moins polluant : le jute ! Deuxième fibre naturelle la plus produite au monde après le coton, la fibre de jute a très longtemps servi à la confection de sacs de transport de marchandises, par exemple. Aujourd'hui, cette industrie essentielle à l'économie du pays est mise à mal par l'arrivée des matières synthétiques.

Corentin imagine alors l'utiliser dans l'industrie composite et notamment tester l'idée sur la coque d'un petit voilier, qu'il va dessiner et concevoir avec le cabinet d'architectes navals VPLP. *Tara Tari*, ainsi nommé en hommage à son chantier natal, va voir le jour. Le jeune ingénieur va mélanger 40 % de fibre de jute avec 60 % de fibre de verre dans le composite. C'est une première mondiale. Son petit bateau de neuf mètres flotte et, Corentin le sait, il peut devenir le meilleur ambassadeur pour promouvoir ces innovations qui font sens autant pour l'homme que pour l'environnement.

Corentin sur le pont du *Tara Tari*.

Champs de jute, au Bengladesh.

Le *Gold of Bengal* en 2013, l'année de sa naissance.

Alors qu'il sait à peine naviguer, il se lance dans une grande aventure : rentrer en France à bord de sa coque de noix. Il quitte Koakata au Bengladesh en 2010 pour faire route vers La Ciotat, près de Marseille. Plus de 16 000 kilomètres, qu'il effectuera en 6 mois ; un voyage au cours duquel il éprouve à la fois ses talents de navigateur et d'ingénieur puisque face aux aléas que représente un tel périple pour un petit bateau expérimental, il improvise beaucoup de solutions grâce aux moyens du bord et aux ressources locales qu'il trouve lors de ses escales. À son arrivée en France, il en est encore plus convaincu : les techniques locales et ancestrales, utilisées avec ingéniosité et un peu d'innovation, pourraient apporter toutes les réponses nécessaires aux défis de notre époque.

Les techniques locales et ancestrales, [...], pourraient apporter toutes les réponses nécessaires aux défis de notre époque.

Son épopée de six mois n'est pas passée inaperçue : des partenaires et mécènes manifestent vite leur intérêt pour ce projet et ce matériau qui a fait ses preuves, même soumis à rude épreuve. Avec leur soutien, Corentin mobilise plus d'une dizaine de profils, dont notamment des ingénieurs, autour du développement d'un matériau à base de fibre de jute, adaptée à l'utilisation composite. En 2013, le fruit de leur labeur voit le jour : le voilier *Gold of Bengal* est le premier au monde à avoir une coque entièrement renforcée en fibre de jute !

Gold of Bengal, avec Corentin à son bord, part alors naviguer pour six mois dans le Golfe du Bengal. En escale, Corentin et son équipe prennent la mesure de tout ce que l'on peut faire en observant les initiatives locales. Partout, ils découvrent des gens qui innovent avec les moyens du bord et dont les inventions pourraient être utiles partout dans le monde.
Alors rapidement rejoint par toute une équipe, Corentin initie le Low-tech Lab. L'idée est de collecter toutes les innovations, les bonnes idées, les projets utilisant les low-tech pour les faire connaître, mais aussi pour permettre à tous les acteurs des low-technologies, dans tous domaines, de se parler et d'échanger leurs savoir-faire.
Fort de toute cette expérience et avec l'aide de l'incubateur Explore du navigateur Roland Jourdain, Corentin passe à la vitesse supérieure. Il réaménage un catamaran de 45 pieds en laboratoire low-tech. Il le baptise *Nomade des Mers* et, en février 2016, avec son équipage, quitte Concarneau pour un tour du monde à la rencontre de toutes les low-tech du monde.

Nomade des Mers, en juin 2016.

Pose de panneaux solaires sur le *Nomade des Mers*, en 2016.

UN TOUR DU MONDE À LA RECHERCHE DES BONNES IDÉES

Quand le catamaran *Nomade des Mers* quitte Concarneau en 2016, le programme de navigation est dicté par un impératif : trouver, partout dans le monde, des idées durables qui puissent être partagées et transposées ailleurs.

Le tour du monde du *Nomade des Mers* débute par l'Afrique du Nord et le Maroc, où l'équipage part à la découverte des techniques de désalinisation, puis au Sénégal pour y apprendre les

Bricolage d'un dessalinisateur sur le pont du *Nomade des Mers*, en 2016, à Agadir.

À bord, on consomme de la spiruline, trésor venu de Madagascar.

atouts du charbon vert. Ensuite c'est la culture hydroponique au Cap-Vert, la traversée de l'Atlantique pour rejoindre le Brésil et y apprendre des techniques sur le biogaz et le traitement des déchets plastiques. En Afrique de Sud, c'est le recyclage de l'eau qui est au programme et à Madagascar, la spiruline, cette algue chargée de nutriments. Et puis c'est l'Inde, le Sri Lanka, l'Indonésie, le Japon, etc. À ce stade, 25 films documentaires de 26 minutes ont déjà été réalisés avec ARTE pour expliquer toutes ces découvertes. Toutes les données, les histoires et les inventions recueillies sont mises en ligne et partagées gratuitement sur le site ***lowtechlag.org*** pour permettre au plus grand nombre de bénéficier de ces savoir-faire.

Entre temps, le bateau s'est transformé en lieu de rencontre mais aussi en laboratoire. Tout à bord est aménagé grâce à la low-tech : un frigo du désert, des toilettes sèches, des insectes comestibles, des plantes en hydroponie, la production d'eau douce par désalinisation… Un véritable concentré de savoir-faire durables qui, s'ils fonctionnent à bord d'un bateau, peuvent inciter tout le monde à reproduire la même chose à la maison !

L'aventure se poursuit et le voyage qui devait durer trois ans va finalement peut-être en durer six, car les rencontres et les enseignements sont plus riches que prévu et qu'il y a énormément de bonnes idées à transmettre !

Potager hors-sol dans la cabine, poulailler embarqué, serre au niveau de la poupe : la vie en autonomie s'organise sur le *Nomade des Mers*.

Dans le cadre de la mission Biosphère, en 2018, Corentin de Chatelperron a mis le *Nomade des Mers* à l'ancre pour expérimenter pendant quatre mois la vie en autonomie sur une plateforme équipée des meilleures innovations low-tech.

LES LOW-TECH SUR UN BATEAU OU À LA MAISON

De ses voyages et ses escales, *Nomade des Mers* a ramené plein de techniques et d'objets low-tech que l'on peut facilement fabriquer grâce à des explications disponibles en ligne et accessibles à tous : wiki.lowtechlab.org.

On peut ainsi, grâce aux tutoriels de l'équipe de *Nomade des Mers*, réaliser une petite culture en hydroponie. Grâce à la technique apprise lors de l'escale de Singapour, quelques tasseaux de bois, une pompe à aquarium, des billes d'argile, du gravier et des tuyaux, on peut facilement construire des petites gouttières de culture et des biofiltres qui pourront permettre de cultiver des aromates ou des légumes-feuilles dans la cuisine.

Avec une batterie d'ordinateur usagée, un petit panneau solaire, une LED et quelques composants électriques courants, on peut facilement créer une lampe solaire. Celle-ci, après une journée au soleil, permet de recharger complètement un ordinateur portable et d'éclairer pendant quatre heures. Et, bien sûr, cela permet d'économiser le très polluant lithium.

Également très facile à réaliser, le frigo du désert, qui ne nécessite que deux pots en terre cuite, 45 kg de sable fin et 15 litres d'eau potable, et qui permet de conserver des aliments en n'utilisant aucune électricité !
Pour les plus ambitieux, la plateforme donne également les explications nécessaires pour recréer entièrement un ordinateur à moins de 30 euros, commencer un élevage de mouches soldats noires très efficaces pour traiter des déchets organiques, ou réaliser un four solaire avec des plaques de contreplaqué et du papier aluminium.

À bord du *Nomade des Mers*, un laboratoire embarqué permet de fabriquer des objets, de tester des techniques, d'expérimenter des idées venues des quatre coins du monde.

Récolte hydroponie sur le *Nomade des Mers*.

Construction d'une lampe solaire.

■■■ Fabrication de biodiesel en Malaisie en hiver 2019.

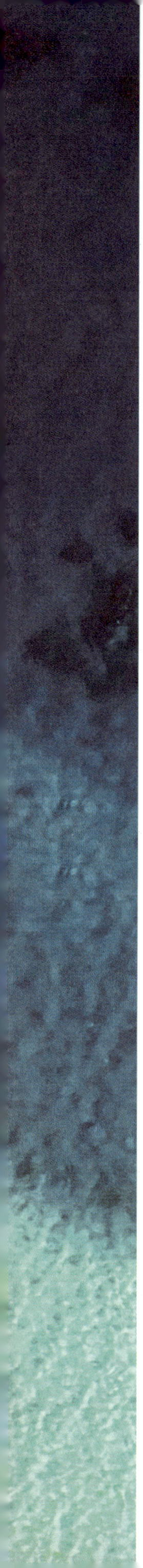

… RAC

FOR V

E

ATER

Le pont du bateau est entièrement recouvert de panneaux solaires !

LE POUVOIR DU SOLEIL

Son premier nom a été *Tûranor*, un nom tout droit hérité du *Seigneur des Anneaux* de J. R. R. Tolkien et qui signifie « le pouvoir du soleil ». Cet étrange navire naît en 2010 dans un chantier du nord de l'Allemagne et dévoile son incroyable silhouette futuriste : un catamaran de 35 mètres de long pour 23 de large, mais surtout complètement couvert de panneaux solaires. Plus de 500 m^2 recouvrent la surface de son pont !

À l'origine de cette idée, il y a Raphaël Domjan, un explorateur suisse qui, depuis quelques années, imaginait que le soleil pouvait devenir un moyen de propulser les navires. Dans les années 2000, les panneaux photovoltaïques commencent à devenir populaires : on en voit de plus en plus sur les toits des maisons et l'énergie du soleil devient une énergie renouvelable accessible au plus grand nombre. Alors pourquoi ne pas l'utiliser en mer ? Certes, cela fait longtemps que des navigateurs en installent sur leurs voiliers. Mais en général, cela génère simplement de quoi faire fonctionner l'écran de la carte électronique ou recharger son téléphone.

Alors serait-il possible d'alimenter toute la propulsion d'un bateau ?

Alors serait-il possible d'alimenter toute la propulsion d'un bateau ? C'est le pari que veut relever Raphaël Domjan. Pour cela, il crée la fondation *PlanetSolar*, puis est rapidement rejoint par Immo Ströher, un industriel allemand spécialiste des énergies renouvelables, qui finance le projet. En 2008, l'architecte naval néo-zélandais Craig Loomes imagine un bateau léger, en fibre de carbone, dont l'aérodynamique et l'hydrodynamique sont particulièrement soignées, de manière à ne pas nécessiter une grande quantité d'énergie pour avancer.

Les travaux vont débuter dans les chantiers de Knierim Yachtbau. On imagine, en même temps, une nouvelle façon de naviguer. Si on ne dépend que du soleil pour alimenter les deux moteurs de propulsion, il y a intérêt à toujours trouver des rayons, sinon les réserves s'épuisent vite ! Alors les ingénieurs imaginent des logiciels de navigation qui calculent la route du bateau en fonction de l'ensoleillement et du niveau d'énergie restant dans les batteries. Avec tous ces panneaux,

ils arrivent ainsi à produire 500 à 600 kWh par beau temps : de quoi parcourir un maximum de 300 kilomètres lorsque la batterie est rechargée à 100 %. En dehors de la propulsion, l'énergie photovoltaïque sert également à alimenter tous les instruments du bord et le chauffage de l'eau. En moyenne, le bateau est prévu pour avancer à la vitesse de cinq nœuds, le tout dans un silence total et sans aucune émission : un atout indéniable pour le climat, mais aussi pour les missions scientifiques qui vont être assurées.
En 2010, le bateau est mis à l'eau. Emmené par un équipage de quatre personnes, il commence alors un tour du monde avec comme seul carburant le soleil. Pendant deux ans, le navire alterne navigation et escales, de Miami à Sydney et d'Abu Dhabi à Monaco, ce qui permet à l'équipe de parler de l'importance des énergies renouvelables. À son retour à Lorient après 584 jours de navigation, il devient le premier navire solaire à avoir bouclé l'exploit de ce tour du monde. Il entame alors une deuxième carrière comme plateforme de mesures scientifiques pour le compte de l'université de Genève. Dans ce cadre, il effectue deux campagnes : la première en 2013 le long du Gulf Stream et la deuxième en 2014 sur un site préhistorique englouti en Grèce.

Après cinq ans de bons et loyaux services, la famille Ströher décide de l'offrir à une autre fondation baptisée *Race for Water*, qui lutte pour la préservation des océans. C'est le début d'une nouvelle grande aventure pour le catamaran solaire, qui devient une plateforme de sensibilisation du jeune public mais aussi de rencontres entre les décideurs, dirigeants et industriels afin que des solutions locales soient mises en œuvre pour faire face au fléau global que représente la pollution par les plastiques. Le catamaran, véritable laboratoire flottant, embarque également des missions scientifiques sur la pollution microplastique. Parti en 2017 pour une grande odyssée de cinq ans, le catamaran, rebaptisé *Race for Water*, refait un tour du monde qui devrait le voir revenir à Lorient en 2021. Avant la prochaine mission !

■■■ *Race For Water* et son équipe à bord.

Octobre 2018. Après un plus d'un an d'odyssée, *Race For Water* arrive en Polynésie française pour 4 escales : Papeete, Moorea, Bora-Bora et Tétiaroa.

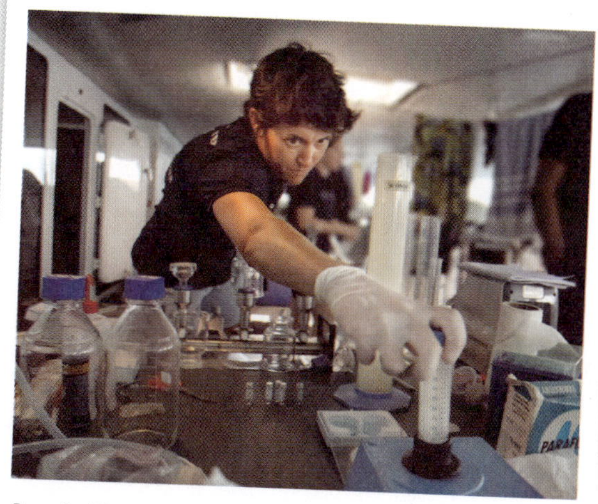

Race for Water, c'est aussi un laboratoire flottant qui permet à des équipes de scientifiques de travailler à bord. Ici en février 2019, le bateau est en Nouvelle-Calédonie, qui figure en seconde position sur la liste des sites dont l'endémisme est menacé par les pressions humaines.

Le filet manta, ainsi nommé à cause de sa ressemblance avec une raie à la gueule ouverte, permet de récupérer des particules de plastique qui flottent à la surface de l'eau.

UNE ODYSSÉE AUTOUR DU MONDE POUR COMPRENDRE ET AGIR CONTRE LE FLÉAU DU PLASTIQUE

Quand la fondation Race of Water reprend le bateau en juin 2015, elle a une idée bien précise : le transformer en laboratoire dédié à l'étude du plastique en mer, mais aussi en ambassadeur qui part à la rencontre de tous ceux qui ont envie de changer les choses. Alors elle a mis en place un programme baptisé « Learn, Share, Act », ce qui se traduit par « Apprendre, Partager, Agir ». À ce moment-là, on sait déjà qu'un des grands défis environnementaux de l'océan et de la planète est la pollution plastique. Mais, même si on l'observe, il faut aussi la comprendre, savoir comment le plastique arrive en mer, comment il se transforme en micro-déchets, pourquoi et sous quelle forme ces derniers s'accumulent dans les gyres... Et puis il faut réfléchir et partager tous les moyens pour qu'ils n'atteignent jamais les océans. C'est précisément la mission que se donne alors *Race for Water*.

Constat effrayant : la pollution plastique (2017 en République dominicaine) contamine tous les océans et tous les continents du globe, de façon parfois dramatique.

En 2015, la Fondation s'était déjà engagée sur une odyssée d'observation à bord d'un trimaran de course, un MOD70, qui a navigué sur les océans Atlantique, Pacifique et Indien. En collaboration avec des universités françaises et suisses, *Race for Water* se lance dans la collecte de macro-déchets et de micro-plastiques sur 30 plages différentes, toutes situées dans la zone des grandes gyres, ces soupes de plastique qu'on observe dans tous les océans du monde. Les scientifiques prélèvent et analysent tous ces débris et ils comprennent rapidement que la majorité des déchets plastiques en mer sont de taille microscopique, puisque rapidement décomposés par l'eau de mer, et que la grande majorité ne reste pas en surface. Sous cette forme, ils sont non seulement très difficiles à ramasser, mais ils deviennent également de véritables concentrateurs de pollution qui recueillent notamment les métaux lourds et qui intoxiquent tous les organismes marins. Grâce à ce premier travail de référence, la science dispose d'une base de travail pour comprendre les conséquences de la pollution en microplastique de tous ces petits animaux qui sont à la base de la chaîne alimentaire au bout de laquelle on retrouve... l'être humain !

Sensibiliser et créer une prise de conscience auprès des citoyens

Au retour de cette première odyssée, lors de la Cop21 à Paris fin 2015, la Fondation reçoit son nouveau navire ambassadeur, l'ancien *Planet Solar*. Un réaménagement complet commence alors. Outre les 512 m² de panneaux solaires, le catamaran *Race for Water* est doté d'une aile de kite auto-pilotée déployable à 150 mètres d'altitude, et de deux piles à combustible qui délivrent plus de 2 600 kWh d'électricité grâce à l'hydrogène qu'il sera maintenant possible de produire par électrolyse de l'eau de mer. Soleil, vent et eau, seules sources d'énergie du navire ! Il devient une véritable plateforme scientifique à bord de laquelle 90 m² sont dédiés à la science et peuvent accueillir jusqu'à sept chercheurs. L'idée de la fondation est de partir pour une grande odyssée de cinq ans à travers le monde, au cours de laquelle différentes missions scientifiques autour du plastique se succéderont à bord, et durant laquelle le navire pourra aussi « travailler » en escale, en créant des échanges avec les habitants de toutes les zones côtières du monde.

En avril 2017, *Race for Water* quitte son port d'attache breton, Lorient, et met le cap sur l'Atlantique : les Bermudes, Cuba, la République dominicaine et la Guadeloupe. En 2018 et 2019, avec le passage du Canal de Panama se dessine l'océan Pacifique : Lima, Conception, Valparaiso, Juan Fernandez, île de Pâques, Polynésie française, Samoa, Tonga, Nouvelle-Calédonie Vanuatu, île Salomon, Indonésie, Malaisie, Palawan, Hong Kong etc.

Les missions scientifiques se succèdent à bord : Ephémare aux Bermudes et en Guadeloupe avec une série de prélèvements de microplastiques permettant d'étudier l'effet éco-toxicologique de ces derniers sur les écosystèmes marins ; Weather-MIC à Cuba sur le vieillissement des micro-plastiques ; trente jours de navigation du Chili à Rapa Nui, pour estimer l'abondance des microplastiques en eau de surface et analyser l'impact des déchets plastiques sur les oiseaux marins. Ensuite l'équipage du *Race for Water* a réalisé des prélèvements d'eau des côtes chiliennes à la Polynésie française pour le projet Plastisphère. Ce tour du monde de *Race for Water*, passant dans des endroits très peu fréquentés, rend possible de nombreux échantillonnages.

Le deuxième pilier du programme de la fondation est SHARE, le partage. Par conséquent, tout au long de la mission, les équipes de *Race for Water* profitent des escales pour organiser des échanges avec les populations, des actions concrètes comme des nettoyages de plages, l'accueil de groupes scolaires, de personnes décisionnaires, d'entrepreneurs... La fondation a aussi mis en place tous les outils possibles pour raconter ses découvertes et pour sensibiliser et créer une prise de conscience auprès des citoyens, afin qu'ils comprennent qu'ils sont acteurs au quotidien de cette lutte contre le plastique. Les images ramenées des odyssées, les films tournés, les témoignages sont partagés auprès du plus grand nombre, à travers des kits pédagogiques, des conférences devant les institutions internationales ou lors de grands événements populaires comme la Coupe de l'America. *Race for Water* multiplie donc les efforts pour sensibiliser le public, afin que nous apprenions comment nous pouvons nous désintoxiquer de notre dépendance au plastique. En tout, plus de 40 escales échelonnent cette odyssée qui devrait se terminer fin 2021 à Lorient, le port d'attache du bateau, avec comme objectif de recevoir plus de 50 000 personnes à bord pour découvrir le navire et ses missions.

Et enfin, il y a l'action avec le programme ACT ! Parce qu'il y a déjà des choses concrètes à faire en matière de pollution plastique, avec notamment cette idée que le déchet est un problème mais peut aussi faire partie de la solution. La première odyssée a permis aux équipes de la fondation de réaliser le manque d'infrastructures de gestion des déchets dans bien des endroits du globe. *Race for Water* propose aujourd'hui de revoir les modèles de gestion des déchets plastiques et d'en créer de nouveaux, qui inciteraient les populations à collecter le plastique au lieu de le jeter. Comme le recyclage est loin d'être possible partout et pour tous les plastiques, la fondation travaille sur des solutions permettant de créer de l'énergie grâce aux déchets. Pour cela, les ingénieurs de *Race for Water* ont choisi la technologie de la pyrolyse à haute température. Elle permet de traiter les plastiques mélangés, sans avoir à les trier, pour produire du gaz ou de l'électricité. À chaque escale de son expédition actuelle, les équipes de *Race for Water* travaillent ainsi à la construction de projets avec des entreprises, des gouvernements et des ONG. Leur objectif est de développer quelques projets de démonstration pour les villes côtières et pour les îles, afin qu'ils puissent en inspirer d'autres dans les années à venir.

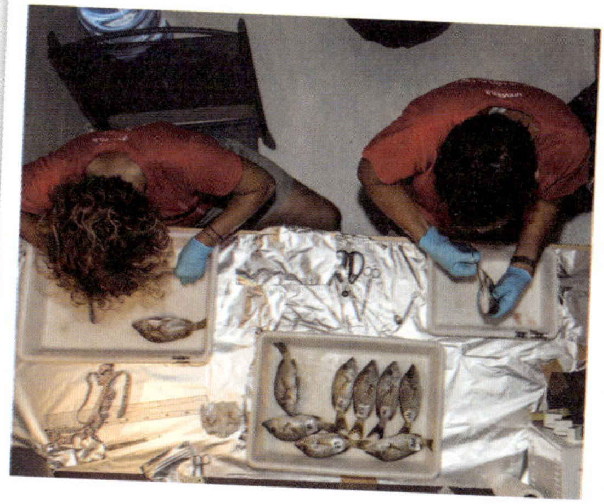

En 2017, au large de la Guadeloupe, des équipes de scientifiques étudient l'effet éco-toxicologique de la pollution plastique sur les écosystèmes marins.

Prélèvements effectués en février 2019 en Nouvelle-Calédonie pour étudier l'impact de la pollution plastique sur les coraux.

Nettoyage d'une plage de l'île de Pâques, en septembre 2018.

LE SOLEIL COMME MOTEUR…
MAIS PAS SEULEMENT !

Évidemment, c'est ce qu'on voit en premier : 500 m² de panneaux photovoltaïques sur « seulement » 30 mètres de long, c'est assez exceptionnel. C'est grâce à eux que sont chargées les batteries qui font fonctionner une partie du bateau. Pourtant, ce n'est pas la seule d'énergie renouvelable qui propulse désormais le catamaran *Race for Water*.

Pour réaliser cette longue odyssée de cinq ans, ce qui implique forcément d'avoir une importante réserve d'autonomie, l'équipe a dû réfléchir à des moyens supplémentaires pour pouvoir faire avancer le navire. Mais, bien entendu, pas question d'utiliser des énergies qui produisent des émissions polluantes !

Tahiti, 2018 : lancement de l'aile de kite.

Pour pouvoir encore augmenter l'autonomie du bateau, *Race for Water* dispose également de piles à combustible qui fournissent de l'énergie à partir de l'hydrogène.

Pour cela, quoi de mieux que la voile ? L'équipe de *Race for Water* a opté pour une aile de traction qui est en fait basée sur le même principe qu'une aile de kite. Lors de la refonte du navire avant son départ pour l'odyssée 2017-2021, les équipiers installent le système Skysails Yacht, qui est composé de trois éléments principaux : une aile de kite avec sa ligne de traction, un système de lancement et de récupération automatique, et un système de contrôle intelligent.

La voile est envoyée à une hauteur de 150 mètres, là où les vents sont réguliers et forts. Une fois le mât hissé, tout est automatique : le système de lancement et de récupération gère seul l'aile et décide de la meilleure altitude pour la déployer. L'ensemble de l'opération prend entre 10 et 20 minutes. Une fois l'aile en l'air, un pilote automatique prend en charge son orientation et l'ajuste en fonction du vent. Cette aile apporte alors une importante aide à la propulsion du bateau.

Mais ce n'est pas tout ! Pour pouvoir encore augmenter l'autonomie du bateau, *Race for Water* dispose également de piles à combustible qui fournissent de l'énergie à partir de l'hydrogène. Ce dernier a la particularité de ne produire aucune émission polluante lorsqu'il est consommé. Et sur le catamaran, on a pensé à tout : pour fabriquer l'hydrogène, on utilise un processus chimique baptisé électrolyse à partir de l'eau de mer qui est pompée, désalinisée, puis stockée à bord. Cette eau douce est ensuite purifiée avant d'être électrolysée en utilisant le surplus d'énergie créé par les panneaux photovoltaïques. Près de 200 kg d'hydrogène peuvent être stockés à bord dans des réservoirs spécialement conçus, ce qui représente 6 à 7 jours d'autonomie supplémentaires. L'hydrogène est transformé en électricité par les deux piles à combustible de 30 kW. Ces piles à combustible maintiennent le niveau de charge des batteries ou, selon besoin, font directement fonctionner les moteurs électriques. Et le tout sans émettre la moindre pollution !

En plus de permettre à la Fondation *Race for Water* de développer, partout dans le monde, ses trois programmes Learn -Share - Act pour lutter contre la pollution plastique des océans, son navire ambassadeur est ainsi un véritable démonstrateur que la transition énergétique est dès aujourd'hui possible même dans un des contextes les plus complexes : les océans !

Panneaux solaires et aile de traction : *Race for Water* est pleinement conçu pour une navigation propre !

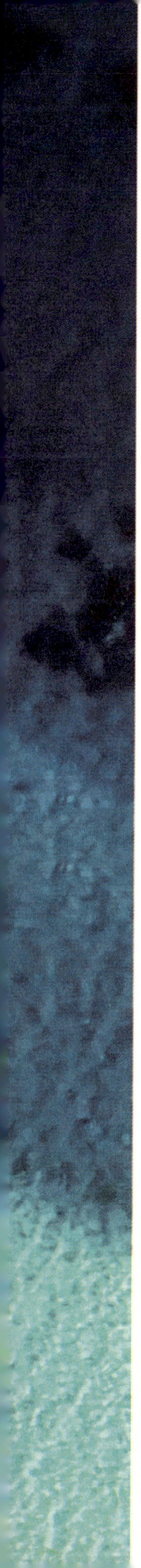

... UND
THE PO

ER

OLE

UNDER THE POLE
UN PROGRAMME AU SERVICE DE L'EXPLORATION SOUS-MARINE SCIENTIFIQUE

Deux parents, deux enfants, cela fait quatre marins. La famille Bardout et leur équipe est composée d'aventuriers des mers qui ont décidé d'explorer le monde à bord de leur goélette *WHY*. Mais ils ne veulent pas seulement parcourir les océans, ils veulent surtout faire avancer la science. Profondément animés par un souci de connaître et faire connaître l'écosystème marin, Emmanuelle, marin, et Ghislain, ingénieur, ont imaginé de grandes expéditions dans des endroits reculés dans lesquels ils embarqueraient des scientifiques et les feraient plonger là où personne ne l'avait fait avant.

En 2007, tous les deux créent Under The Pole, un programme qu'ils veulent dédier à l'exploration, la science et l'environnement.

En 2010, ils effectuent leur toute première expédition au pôle Nord. Elle avait pour objectif de réaliser un reportage sur l'univers sous-marin de la banquise et deux programmes scientifiques : le premier sur l'épaisseur de neige sur la glace et le second sur la température interne et les réactions du corps humain au froid. Pendant 45 jours, Emmanuelle, Ghislain et leurs six équipiers ont skié autour du pôle Nord en tirant des traîneaux. Ils s'arrêtaient régulièrement pour plonger sous la banquise. Ils en ont ramené des images rares et précieuses qui témoignent de la vie sous cette épaisse couche de glace.

Explorer en profondeur le milieu sous-marin de la côte ouest du Groenland, entre la surface et plus de 110 mètres de profondeur sous la banquise

De retour à Concarneau, leur port d'attache, Emmanuelle et Ghislain travaillent dur pour monter leur deuxième expédition avec, cette fois-ci, leur propre bateau : la goélette *WHY*. Un voilier de presque 20 mètres de long, en aluminium, taillé pour l'aventure et les températures extrêmes. Ils l'aménagent pour accueillir une douzaine de personnes : marins, plongeurs, scientifiques, photographes et caméramans. En janvier 2014, la goélette appareille avec, à son bord, Emmanuelle, Ghislain, le petit Robin, leur husky Kayak et plein d'équipiers qui se succéderont pendant 21 mois au Groenland.

Cette expédition Under The Pole II a accueilli six programmes scientifiques différents et a permis d'explorer en profondeur le milieu sous-marin de la côte ouest du Groenland, entre la surface et plus de 110 mètres de profondeur sous la banquise, un record mondial à l'époque. Les plongeurs d'Under The Pole utilisent des scaphandres appelés « recycleurs » qui permettent des incursions longues et l'optimisation des gaz respirés permettant ces plongées profondes. 55 équipiers passent à bord, deux films sont tournés : là encore, *WHY* est la base avancée de la science et de la connaissance dans un des milieux les plus hostiles. Elle hiverne pendant six mois dans la baie d'Uummannaq, à côté

WHY, son équipage et son matériel, au pôle Nord en 2015.

De leurs expéditions dans les régions les plus difficiles du globe, Les équipes embarquées sur le *WHY* rapportent des images aussi rares que belles...

... au prix d'un voyage qui n'a rien de reposant !

du village isolé d'Ikerasak au Groenland. Avec les Inuits, l'équipe a exploré le Grand Nord et a réalisé un fabuleux travail documentaire.

WHY revient à Concarneau fin 2015. Mais déjà, l'expédition suivante se prépare. Aidée par le navigateur Roland Jourdain, l'équipe d'Under The Pole décide de voir encore plus grand : une expédition de quatre ans à l'assaut du globe, comprenant Arctique, Pacifique et Antarctique. Trois saisons dans trois écosystèmes différents, avec pour idée d'étudier le milieu sous-marin entre la surface et 150 mètres de profondeur, et de développer de nouvelles techniques de plongée, pour prolonger la durée des immersions humaines grâce à un habitat sous-marin léger.

Au printemps 2017, la goélette quitte Concarneau avec la famille qui s'est agrandie d'un petit Tom. Cap sur le Groenland et la première étape de l'expédition Under The Pole III !

Les plongeurs de Under the Pole II ont réussi à mener des explorations jusqu'à 110 mètres sous la banquise, un record mondial à l'époque.

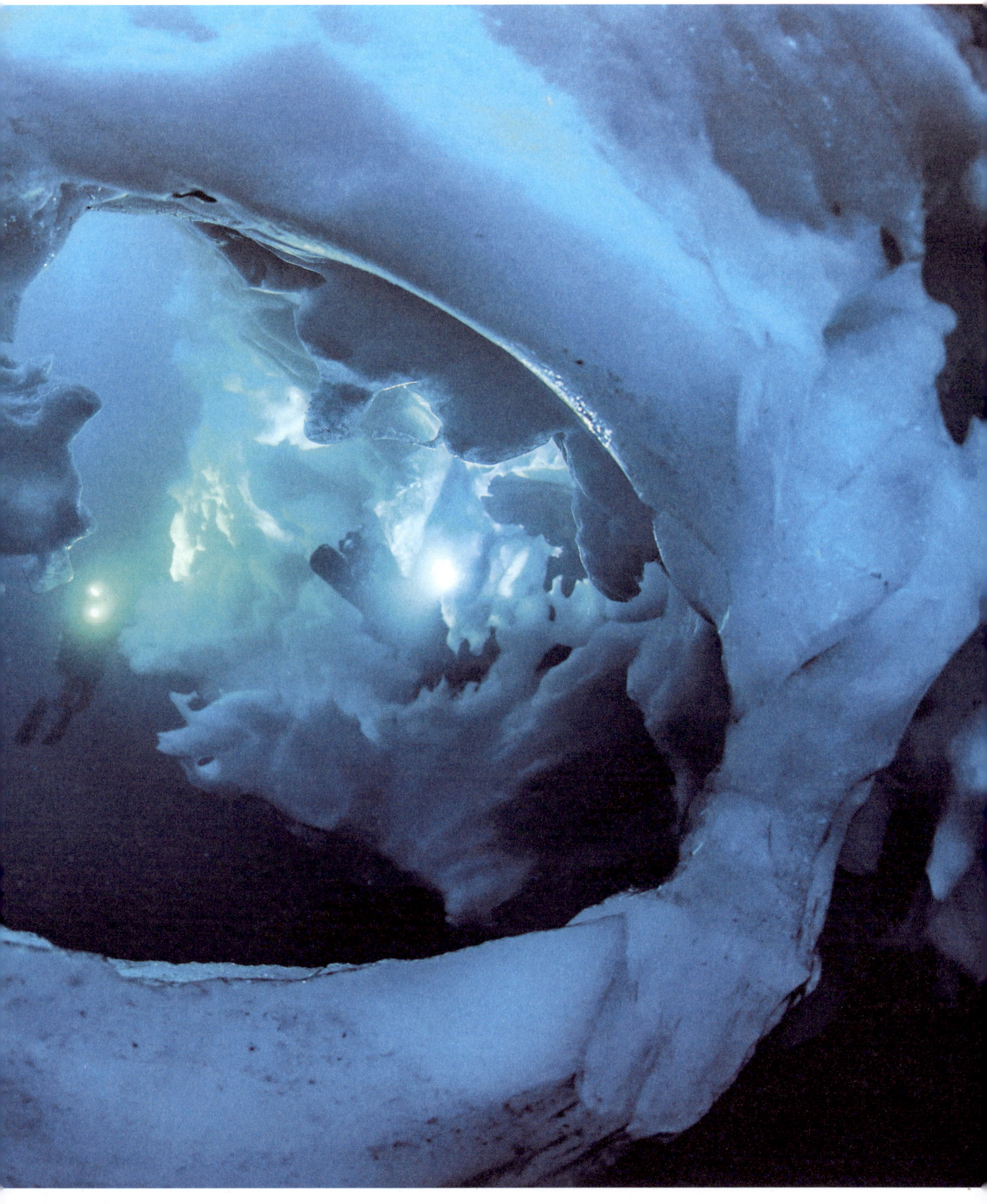

UNDER THE POLE III : À LA DÉCOUVERTE DE LA « TWILIGHT ZONE »

Que se passe-t-il sous l'eau entre 30 et 150 mètres de profondeur ? Comment la lumière entre-t-elle dans cette colonne d'eau ? Qui y vit ? Comment les coraux y survivent-ils ? Cet environnement si proche, et pourtant encore secret, s'appelle la « Twilight Zone ». C'est lui que l'équipe d'Under The Pole a voulu mettre en priorité scientifique pour sa troisième grande expédition. À bord de la goélette, les scientifiques et les plongeurs étudient donc la fluorescence naturelle en zone polaire, les coraux profonds très peu connus, et ils en profitent également pour tester un tout nouveau mode d'exploration, la Capsule, habitat sous-marin qui permettra des explorations jusqu'à trois jours en continu dans la zone entre 15 et 35 m de profondeur.

La Capsule, habitat sous-marin inédit.

Au printemps 2017, *WHY* traverse l'Atlantique puis remonte la côte ouest du Groenland pour rejoindre la baie de Disko où l'équipe va soigneusement préparer le mythique passage du Nord-Ouest. Cette voie glacée passe tout au nord du Canada, puis de l'Alaska, et relie les eaux de l'Atlantique à celles du Pacifique. C'est un moyen particulièrement compliqué de « contourner » l'Amérique à cause des glaces qui se mettent en travers de la route et qui imposent une vigilance de chaque instant. Les gros bateaux, notamment de croisière, l'empruntent au compte-goutte, mais c'est une zone très peu fréquentée.

Et c'est ce passage que va emprunter *WHY* à l'été 2017, effectuant par la même occasion des plongées et, encore une fois, recueillant des données scientifiques rares et précieuses. Après quelques semaines de navigation et d'exploration, la goélette rejoint le détroit de Béring et les côtes de l'Alaska en septembre. Là, elle s'installe dans la région de Sitka pour effectuer son hivernage.

En avril, l'hiver passé, la goélette se met en route pour un très grand voyage : plusieurs semaines de navigation plein sud pour passer des eaux polaires de l'Alaska à celles bien chaudes de la Polynésie française. Pour commencer, une toute nouvelle série de plongées et le test de la Capsule. Au menu : un programme sur les coraux profonds. En septembre 2020, une longue traversée est à nouveau organisée en direction des canaux de Patagonie que l'équipe explorera à la fin de l'automne avant de rejoindre le mythique port d'Ushuaia. De là, la goélette s'élance encore plus au sud, traverse le passage de Drake pour rejoindre la péninsule Antarctique. Elle y passe les trois mois d'été, pour y réaliser un inventaire de la biodiversité et travailler sur la connectivité des écosystèmes entre la surface et 120 mètres de profondeur.

Elle entamera ensuite sa grande route vers le nord et son port d'attache de Concarneau, où elle reviendra en juin 2021. Avant, pour sûr, de repartir vers de nouveaux horizons.

En 2019, la Capsule est installée dans les eaux chaudes de la Polynésie.

L'EXPÉRIENCE DE LA CAPSULE

On peut vivre à trois dans la Capsule. Les conditions sont spartiates, mais cet habitat pour le moins inattendu assure aux plongeurs des conditions d'observation et d'étude du milieu sous-marin complètement inédites.

Un camp avancé pour les plongeurs, à l'image de celui des alpinistes gravissant les sommets de l'Himalaya ; c'est la toute nouvelle approche que l'expédition Under The Pole a testé grâce à un nouvel outil baptisé Capsule.
Son objectif est de s'affranchir des limites du temps et de pouvoir effectuer des plongées de 72 heures sans remonter à la surface. « *En forêt, dans les déserts, en montagne, il faut du temps pour se fondre dans le milieu et voir la faune évoluer. La problématique est la même en plongée. Nous sommes contraints par la quantité d'air dans nos bouteilles, les paliers de décompression, la fatigue... Le but de la Capsule est de créer un camp de base sous-marin qui nous permette de nous reposer, nous nourrir, sans avoir à remonter à la surface. Nous pouvons ainsi observer l'extérieur à travers les dômes, répéter de longues excursions d'observation et mieux explorer le milieu* », explique Ghislain Bardout qui a imaginé le concept de cette tente des mers de 4,3 mètres cubes dans laquelle on peut tenir à trois grâce à une atmosphère constamment recyclée.

Construite à Concarneau, la Capsule est arrivée au cours de l'été 2019 en Polynésie française pour sa première campagne d'exploitation en conditions réelles. Il s'agissait aussi de vérifier que ce concept un peu fou pouvait fonctionner. Pendant trois mois, les plongeurs et scientifiques ont « habité » cette petite base avancée posée à 20 mètres de profondeur. Grâce à ses ballasts posés sur un fond de corail mort ou de sable, la Capsule devient un observatoire à 360°. Ils ont pu découvrir leur drôle de voix comme s'ils avaient respiré dans un ballon d'hélium (l'atmosphère est composée de 86 % d'hélium et d'oxygène), les couleurs qui disparaissent, mais ils ont surtout pu réaliser des observations incroyables.
Ainsi « fondue dans le décor », la Capsule est comme intégrée à l'écosystème. Immobile et n'émettant aucun bruit, elle ne fait pas peur aux animaux, qui s'en approchent volontiers. Pendant les séjours dans sa petite tente sous-marine, l'équipe de la Capsule a habité avec les poissons et entendu chanter les baleines. Et après trois mois de test, tout le monde est tombé d'accord : cette petite maison étanche fonctionne bien et elle pourra continuer ses explorations.

Installée sur des ballasts, discrète et silencieuse, la Capsule s'intègre parfaitement à l'écosystème.

REPORTAGES SOUS-MARINS

Les heures passées dans la Capsule ont permis aux équipes et aux photographes, en parallèle du travail de recherche, de réaliser de sublimes reportages photographiques.

DE DEMAIN

... PLA
ODYS

STIC

SEY

L'EXPÉDITION POUR RÉDUIRE LA POLLUTION PLASTIQUE

Et si on pouvait trouver une solution qui permettrait de se débarrasser des déchets en mer en les rendant utiles ? C'est le pari que se sont lancé trois jeunes entrepreneurs en créant *Plastic Odyssey*.

Leur idée est simple. Elle part du constat que la majorité de la pollution plastique en mer provient de la terre. On en retrouve ainsi de très grosses concentrations à l'embouchure des fleuves, le long des plages ou au large des ports. Mais une fois en mer, le plastique coule ou se fragmente et ne peut plus être récupéré. Dans la bande côtière, qui borde la terre sur environ 50 kilomètres de large, les déchets plastiques s'accumulent et ne trouvent aujourd'hui aucun débouché.

Alors le plus simple reste d'arrêter de produire des déchets, de réinventer les emballages et de changer nos comportements pour ne plus utiliser de plastique. Mais en attendant que cela soit possible, il faut empêcher les déchets d'être emportés en haute mer ; les ramasser alors qu'ils sont encore à proximité de la zone côtière, qu'ils ne sont pas encore trop décomposés, et donc plus facilement repérables. Et ensuite de les utiliser pour les transformer en carburant pour bateau ou toute autre source d'énergie ou objets dont les populations vivant à proximité auraient besoin, et ainsi créer des emplois localement.

Bob Vrignaud (responsable R&D), Simon Bernard (responsable d'expédition), Alexandre Dechelotte (responsable communication), en octobre 2019. Le but de cette jeune équipe d'entrepreneurs : trouver des solutions pour assurer un futur plus propre à nos océans.

L'équipe de *Plastic Odyssey* a relevé le défi. Cette bande d'inventeurs a rassemblé des ingénieurs partout à travers le monde et a trouvé plusieurs procédés simples à mettre en œuvre pour ramasser, trier et revaloriser les déchets plastiques, soit en les transformant directement en objets, soit en les pyrolysant, c'est-à-dire en les faisant fondre. Avec cette dernière solution, il faut traiter un kilogramme de plastique environ pour obtenir un litre de carburant de type diesel ou essence.

Cette solution est réservée aux plastiques qui ne peuvent pas être recyclés autrement. La pyrolyse du plastique ne permet pas seulement de traiter la pollution, elle permet également de créer de l'énergie en évitant d'extraire à nouveau du pétrole. L'équipe de *Plastic Odyssey* veut créer des systèmes de recyclage simples à mettre en œuvre par tout le monde, installables partout et, surtout, très peu coûteux, de manière à pouvoir les utiliser dans toutes les régions du monde qui souffrent de l'envahissement du plastique.

Un bel objectif pour lequel il fallait de beaux ambassadeurs. Quoi de mieux qu'un navire laboratoire unique pour aller faire découvrir ces nouvelles technologies au monde entier ? Trois ans de tour du monde à travers plus de 30 escales, c'est l'aventure de *Plastic Odyssey* !

Plastic Odyssey : 39 mètres de long ; 9,40 mètres de large ; une petite vingtaine de personnes embarquées.

Plastic Odyssey est un navire à la silhouette aisément reconnaissable. C'est un véritable concentré de technologie qui permet de récolter et trier les déchets plastiques qui seront ensuite traités, transformés, recyclés en fonction de leur nature. Le bateau lui-même fonctionne grâce aux produits obtenus suite au recyclage de certains plastiques.

PLASTIC
ODYSSEY
L'OCCITANE
EN PROVENCE

CLARINS
CLEANUP THE PAST
PLASTIC ODYSSEY
MARSEILLE
L'OCCITANE
EN PROVENCE

DES TECHNOLOGIES DE RECYCLAGE LIBRES DE BREVETS

Il existe des centaines de plastiques différents et tous ne sont pas recyclables de la même manière. Par conséquent, la première étape du processus mis en place par *Plastic Odyssey* est le tri, qui permet d'éliminer les déchets non plastiques (métaux, matières organiques, verre...) et de séparer les plastiques courants en sept catégories. Chaque catégorie sera ensuite traitée d'une manière adaptée à ses caractéristiques particulières. Seuls deux types de plastiques ne sont pas recyclés à bord : le PET et le PVC, qui sont compactés et vendus à des industries spécialisées.

Une fois ce premier tri effectué, on passe à un contrôle de la qualité du plastique. Si on veut le transformer en objet, il faut qu'il soit encore en suffisamment bon état et pas trop dégradé par les rayons ultraviolets. Si jamais le plastique n'est plus en état d'être retransformé ou recyclé en objet, il est dirigé vers la machine de pyrolyse pour y produire du carburant.

Tous les plastiques triés sont d'abord broyés pour former des morceaux suffisamment petits pour être recyclés. Ils vont ensuite être lavés dans des bassins, où ils seront séparés des autres matières comme les métaux ou le sable.

Tous ces petits copeaux seront ensuite dirigés vers une centrifugeuse qui ressemble à un gros tambour de machine à laver. Cet essorage à grande vitesse permet de les débarrasser des derniers résidus. Les copeaux de plastiques sont ensuite séchés au soleil.

Si jamais le plastique n'est plus en état d'être retransformé ou recyclé en objet, il est dirigé vers la machine de pyrolyse pour y produire du carburant.

Puis commence la phase de l'extrusion. Ce procédé consiste à chauffer progressivement les copeaux de plastiques broyés, à les acheminer grâce à une vis sans fin pour faire passer le plastique fondu à travers un embout, dont il prendra la forme qu'il gardera en refroidissant. On peut ainsi réaliser des briques, des tubes ou toutes sortes de formes solides et résistantes.

Pour les copeaux qui ne sont pas suffisamment de bonne qualité, direction la pyrolyse. Elle permet de décomposer les déchets plastiques en les chauffant à plus de 400 °C, en l'absence d'oxygène, ce qui les empêche de prendre feu. Ainsi, les molécules de plastiques se cassent et retrouvent leur état d'origine en se transformant en hydrocarbure : carburant liquide, gaz et résidu solide.

Les produits obtenus servent à faire avancer le bateau et à alimenter en énergie les technologies de recyclage durant les escales.

Depuis l'invention du plastique, 6,3 milliards de tonnes de déchets ont été produits, dont 9 % seulement sont recyclés. Quand les déchets plastiques atteignent la mer, 99 % d'entre eux coulent ou se désintègrent en micro-déchets impossibles à ramasser. Il faut donc agir avant même que ces déchets n'atteignent la mer !

Le projet des équipes de *Plastic Odyssey* : partir pour un tour du monde de trois ans, durant lequel ils pourront rencontrer le grand public comme les professionnels et les spécialistes de tous les pays et expliquer, exposer, démontrer comment la lutte contre la pollution plastique peut s'organiser.

LE TOUR DU MONDE DE *PLASTIC ODYSSEY*

Le 15 juin 2018, c'est jour de fête sur les quais de Concarneau. Un petit bateau un peu révolutionnaire est inauguré en présence d'une large foule constituée d'officiels, de mécènes et de curieux. *Ulysse* est né ! Ce catamaran de six mètres de long est le premier à accueillir le système de pyrolyse de plastiques imaginé par l'équipe de *Plastic Odyssey*.

Pendant plusieurs mois, *Ulysse* a fait le tour de France, des côtes de l'Atlantique à la Méditerranée, pour montrer, dans les villes et dans les ports, son système compact qui transforme le plastique en essence avec laquelle il est propulsé. Partout, l'équipe du bateau a expliqué sa démarche : il faut considérer ce plastique comme une matière première ! Et elle a pu faire des démonstrations grandeur nature.

Grâce aux retombées médiatiques, de grandes entreprises comme L'Occitane en Provence, Clarins, Matmut et Crédit Agricole ont rejoint l'aventure en donnant à ces jeunes entrepreneurs le coup de pouce financier nécessaire pour poursuivre ce projet. Pour cela, ils sont passés à la vitesse supérieure avec un vrai « gros bateau » avec lequel ils pourront faire un tour du monde de trois ans et partir à la rencontre de tous les habitants de territoires victimes de la pollution plastique.

Pour cela, l'équipe de *Plastic Odyssey* a voulu « recycler » un bateau et donner une seconde vie à un solide vaisseau. Après plusieurs mois de recherches, ils ont trouvé la perle rare : le *Victor Hensen*, un ancien navire océanographique construit en 1975. Arrivé en France et rebaptisé *Plastic Odyssey* début 2020, il a subi plusieurs mois de chantier pour devenir ce bateau laboratoire capable de trier, recycler et créer de l'énergie grâce aux déchets plastiques.

La partie arrière du navire abrite ainsi un atelier de recyclage. Les machines y sont embarquées pour servir de démonstrateurs dans les escales prévues à travers le monde et être améliorées tout au long du trajet. L'équipe veut également y recevoir des professionnels dans les pays visités et devenir une source d'inspiration pour le traitement local des déchets.

Une vingtaine de personnes forme l'équipage du navire. Aux côtés des marins, il y a également des ingénieurs, anthropologues, bénévoles, réalisateurs et photographes ; parce que l'aventure de *Plastic Odyssey*, ce n'est pas que la lutte contre la pollution. C'est aussi créer des échanges, apprendre des communautés locales, ramener des bonnes idées et nourrir le lien entre la terre, la mer et les habitants de tous les continents.

Visite d'un centre de gestion des déchets, lors d'un voyage en Thaïlande.

... POL

POD

AR

L'océan Austral borde les eaux polaires de l'Antarctique, une région cruciale au regard de la lutte contre le réchauffement climatique.

UNE STATION DÉRIVANTE DANS LE COURANT AUSTRAL

Il y a deux zones dans l'hémisphère Sud, qu'on appelle les quarantièmes rugissants et les cinquantièmes hurlants. Sous ces latitudes, c'est ce genre d'adjectif qu'on utilise pour qualifier la mer, ou plutôt l'océan Austral, qui borde les eaux polaires de l'Antarctique et qui n'abrite qu'un chapelet de petites îles - et parfois des bases scientifiques - souvent inhabitées. Une immensité hostile et méconnue dans laquelle circule le courant circumpolaire antarctique, qui tourne autour du pôle Sud et réunit les trois océans, l'Indien, le Pacifique et l'Atlantique.

C'est précisément cet endroit que l'explorateur français Jean-Louis Étienne a décidé d'aller explorer, parce que ce mystérieux courant long de 24 000 kilomètres et large de 1000 est le plus puissant courant de la planète. Ses eaux froides absorbent une part importante du CO_2 émis par les activités humaines et c'est lui aussi qui est la principale source de formation des eaux profondes de tous les océans du monde. C'est la courroie de transmission qui relie les eaux froides de l'Antarctique, formées par le gel et le dégel et qui alimentent tous les abysses de la planète. Mais c'est aussi ce courant circumpolaire qui isole le continent polaire des températures en hausse du reste du monde. Et on sait enfin que c'est un immense refuge pour les mammifères marins et les oiseaux de mer.

À l'heure où les questions climatiques et la protection de la biodiversité sont au cœur des préoccupations des citoyens, la science est celle qui peut répondre à de nombreuses interrogations. Mais pour cela, elle a besoin d'informations et de prélèvements de terrain, recueillis régulièrement, pour pouvoir faire des bases de données et étudier rigoureusement l'évolution de la température de l'eau, de l'air, de la population animale, de la biodiversité ou encore de la pollution. Or, cet immense océan Austral, si crucial pour l'équilibre de la planète, est encore peu connu. Dû à son éloignement et à des états de mer hostiles, il y a peu de missions dans cette région du monde. Les chercheurs français sont présents sur les îles australes et à bord du navire *Marion Dufresne* qui les ravitaille quatre fois par an. Mais la communauté scientifique internationale est unanime, on a besoin de mesures *in situ* en continu sur de longues périodes pour comprendre les détails du fonctionnement de ce courant et donc de ses influences.

Pour aller l'explorer, Jean-Louis Étienne a lancé un projet un peu fou, comme il les aime depuis toujours. Une démarche innovante, une audace baptisée *Polar Pod*. Un drôle d'engin, cet observatoire habité perché au bout d'un flotteur, qui va dériver, sans assistance mécanique, pendant des mois dans le courant circumpolaire antarctique. Une station qui ressemble à une capsule spatiale, complètement autonome, qui n'émettra aucune pollution et qui donnera du temps à la science. Et permettra de donner des précieuses informations sur notre environnement et son futur.

Le *Polar Pod* est conçu pour pouvoir dériver pendant plusieurs mois dans le courant circumpolaire.

Antartica, une goélette spécialement pensée pour permettre aux scientifiques de travailler dans les zones polaires, est née en 1989.

JEAN-LOUIS ÉTIENNE, L'EXPLORATEUR DES BOUTS DU MONDE

Rien ne prédisposait Jean-Louis Étienne, né dans un village du sud-ouest en 1946, à devenir un des plus célèbres explorateurs français et mondiaux. Il se destine d'abord à la médecine, entre en internat de chirurgie, puis se spécialise dans la biologie du sport, avec déjà l'idée de mettre la médecine au service du rêve d'arpenter le monde.

Comme à l'époque des grands découvreurs, Jean-Louis Étienne commence son apprentissage à la mer. D'abord sur le *Bel Espoir*, bateau du père Michel Jaouen, un moine jésuite ouessantin qui embarque des toxicomanes pour les aider à décrocher, puis sur des bateaux de courses, aux côtés d'Alain Colas pour un record de l'Atlantique et puis d'Éric Tabarly. À bord du *Pen Duick VI*, le grand voilier noir du navigateur breton, Jean-Louis Étienne découvre l'aventure de la course autour du monde.

Mettant ses connaissances médicales au service des expéditions, il part pour l'Himalaya, la Patagonie, le Groenland. Il y développe le goût pour les terres extrêmes et les milieux hostiles.

Son premier grand projet personnel débute en 1986. Il est le premier homme à atteindre le pôle Nord en solitaire, après 63 jours à tirer son traîneau sur la neige et la glace. Il part ensuite dans le Grand Sud et réalise l'expédition Transantarctica, la plus longue traversée de l'Antarctique jamais réalisée avec des traîneaux à chiens : 7 mois et 6 300 kilomètres.

Au-delà de ses expéditions, Jean-Louis Étienne veut faire partager son amour et sa connaissance des zones polaires. Il veut y amener des scientifiques parce qu'il sait que c'est dans ces régions méconnues qu'une importante partie de l'avenir du climat et de la biodiversité se joue. Alors il décide de faire construire un bateau spécialement pour aller explorer les zones polaires. En 1989 naît *Antarctica*, une goélette pensée comme une base avancée de la science dans la glace. Pendant plusieurs années, elle devient un laboratoire et une base d'observation pour des dizaines de chercheurs que Jean-Louis Étienne emmène en Patagonie, en Géorgie du Sud, en péninsule Antarctique et au volcan Erebus, ainsi que dans l'archipel norvégien du Svalbard.

L'explorateur est depuis longtemps préoccupé par le réchauffement climatique et sait que pour en prendre la mesure, il faut aller voir la banquise. Alors, en 2002, il monte une mission de trois mois pendant laquelle il va dériver dans la glace du pôle Nord à bord de *Polar Observer*. Tout le long de son trajet silencieux, des mesures et des relevés sont effectués pour documenter ces lieux très peu accessibles qui renferment tellement d'informations utiles.

Après le froid, le chaud, avec l'île française de Clipperton, un tout petit bout de terre française dans le Pacifique, très au large des côtes du Mexique et où personne ne va ni habite. Jean-Louis Étienne y dirige une expédition avec des scientifiques du CNRS, du muséum d'Histoire naturelle et de l'institut de recherche pour le développement afin de réaliser un inventaire complet de la biodiversité de cet atoll.

Après la mer et les îles, c'est dans les airs que l'explorateur repart en 2010 : il effectue la toute première traversée de l'océan Arctique en Rozière.

Polar Pod sera sa prochaine expédition, à bord d'un étrange engin, dans un des endroits les plus hostiles au monde. Encore un bout du globe que l'aventurier va explorer et rendre accessible à la science et à la connaissance de tous.

Il a fallu trois semaines à l'*Antartica* pour se frayer un chemin dans les glaces, jusqu'au pied du mont Erebus.

L'île de Spitzberg, haut-lieu d'exploration et de recherche scientifique dans l'archipel norvégien du Svalbard.

Jean-Louis Étienne a effectué la toute première traversée de l'océan Arctique en Rozière.

Ballastage du *Polar Pod*.

UN ÉTRANGE ENGIN SANS MOTEUR

Imaginez un culbuto géant. D'un côté, une petite station en hauteur qui abrite les cabines, locaux et laboratoires nécessaires à la science. De l'autre, un énorme contrepoids qui s'assure, quoiqu'il arrive et quels que soient le courant, le vent et la houle, que la station soit stable à la verticale. Et entre les deux, un très long treillis en tubes qui assure la flottaison. Voilà l'idée sur laquelle est basée le *Polar Pod*.

C'est à Lorient, dans les bureaux de Ship ST, que cet engin unique a été dessiné. Laurent Mermier, directeur de ce cabinet d'architecture navale, connaît Jean-Louis Étienne depuis plus de dix ans. L'explorateur l'a appelé ; il voulait repartir en mission scientifique. Il voulait d'abord construire un bateau océanographique à voile, mais c'est complexe et coûteux. Il est ensuite parti sur l'idée d'une station qui dérive, en autonomie, et qui soit capable d'assurer une mission scientifique dans des eaux réputées pour être agitées. Alors les deux hommes ont réfléchi.

Exit l'idée d'une plateforme large : Laurent Mermier se souvient d'un navire un peu particulier de la Marine américaine. Le FLIP, ou *Floating Instrument Plateform*, est un bateau que l'US Navy a construit dans les années 1960 : une station émergée, un tube pour la flottaison, un ballast et un lest. Au début, il servait à l'espionnage des sous-marins, la partie immergée étant recouverte de sonars. À la fin de la guerre froide il a été récupéré pour des missions scientifiques au Scripps, un centre océanographique de San Diego où il est toujours en flotte.

Emballé par cette idée, Jean-Louis Étienne s'installe en Californie où les ingénieurs du FLIP vont lui en révéler les plans. Laurent Mermier dessine un projet sur mesure.

Polar Pod, 100 mètres de hauteur et 1000 tonnes, est conçu pour résister à toutes les conditions climatiques.

Polar Pod va mesurer 100 mètres de hauteur pour un poids de 1000 tonnes. Mais la plus grosse partie sera immergée puisque la nacelle va culminer à 15 mètres de haut. Ses jambes sont des tubes en acier de 1 mètre de diamètre pour une épaisseur de 38 à 50 mm. Le contrepoids pèsera 150 tonnes. La structure de la nacelle sera en aluminium et la coque extérieure en acier spécial pour encaisser les plus violentes tempêtes.

Pendant la conception du *Polar Pod*, l'architecte était obsédé par une chose : la stabilité verticale. Il est absolument nécessaire que les scientifiques puissent travailler correctement dans des bonnes conditions de sécurité et de confort sur cet océan de tempêtes. Il faut aussi que tous les instruments de mesure soient préservés, que rien ne puisse être arraché ou emporté. Il a donc fait énormément de calculs pour ne surtout pas entrer en résonance avec la houle. En effet, si le *Polar Pod* avec ses 1000 t se met à osciller verticalement à la fréquence des vagues, cela peut prendre une ampleur incontrôlée. Il faut donc que sa fréquence de pilonnement, ces mouvements de haut en bas du pilon, soit déphasée par rapport à la fréquence de la houle. Le déplacement vertical de la station correspond à une hauteur de 20 % par rapport à celle de la vague. Pour une vague de 10 mètres, le *Polar Pod* aura donc un mouvement de 2 mètres.

Même s'il aura une forme un peu inédite, le *Polar Pod* sera un vrai navire, qui portera le pavillon français. Il aura cependant cette particularité de ne pas consommer une goutte de gasoil. Jean-Louis Étienne en a fait le principe de base : il faut que cette station soit complètement écologique. Pas de moteur pour la pousser. C'est le vent et surtout, bien sûr, le courant, qui la propulseront à sa vitesse, soit un peu plus de 5 km/h. Six éoliennes fourniront l'électricité nécessaire à la production d'eau douce, l'éclairage, les instruments scientifiques et de navigation, l'informatique et les télécommunications. Elles seront complétées par des panneaux solaires thermiques pour préchauffer l'eau de mer pour un meilleur rendement de la production d'eau douce.

Une fois qu'elle sera construite, la structure flottante sera transportée en Afrique du Sud et remorquée dans le courant circumpolaire. Une fois arrivée sur place, on remplira son contrepoids pour prendre sa position verticale. L'engin commencera alors son grand voyage.

Il faut que cette station soit complètement écologique. Pas de moteur pour la pousser.

UN LABORATOIRE
QUI SAIT TOUT FAIRE

Quand Jean-Louis Étienne a imaginé sa station futuriste, il connaissait déjà bien l'enjeu scientifique de cet océan Austral si peu connu et de ce courant circumpolaire peu exploré. Il connaissait sa capacité d'absorption de CO_2, et les conséquences que cela a sur le climat et la biologie marine, notamment sur la production du plancton.

Il est allé voir ces chercheurs qu'il connaît bien grâce à ses nombreuses expéditions scientifiques. Et l'intérêt a été immédiat : climatologues, courantologues, océanologues, biologistes marins... Des laboratoires du CNRS, de l'Ifremer et beaucoup d'autres sont prêts à envoyer des volontaires dériver à bord du *Polar Pod*.

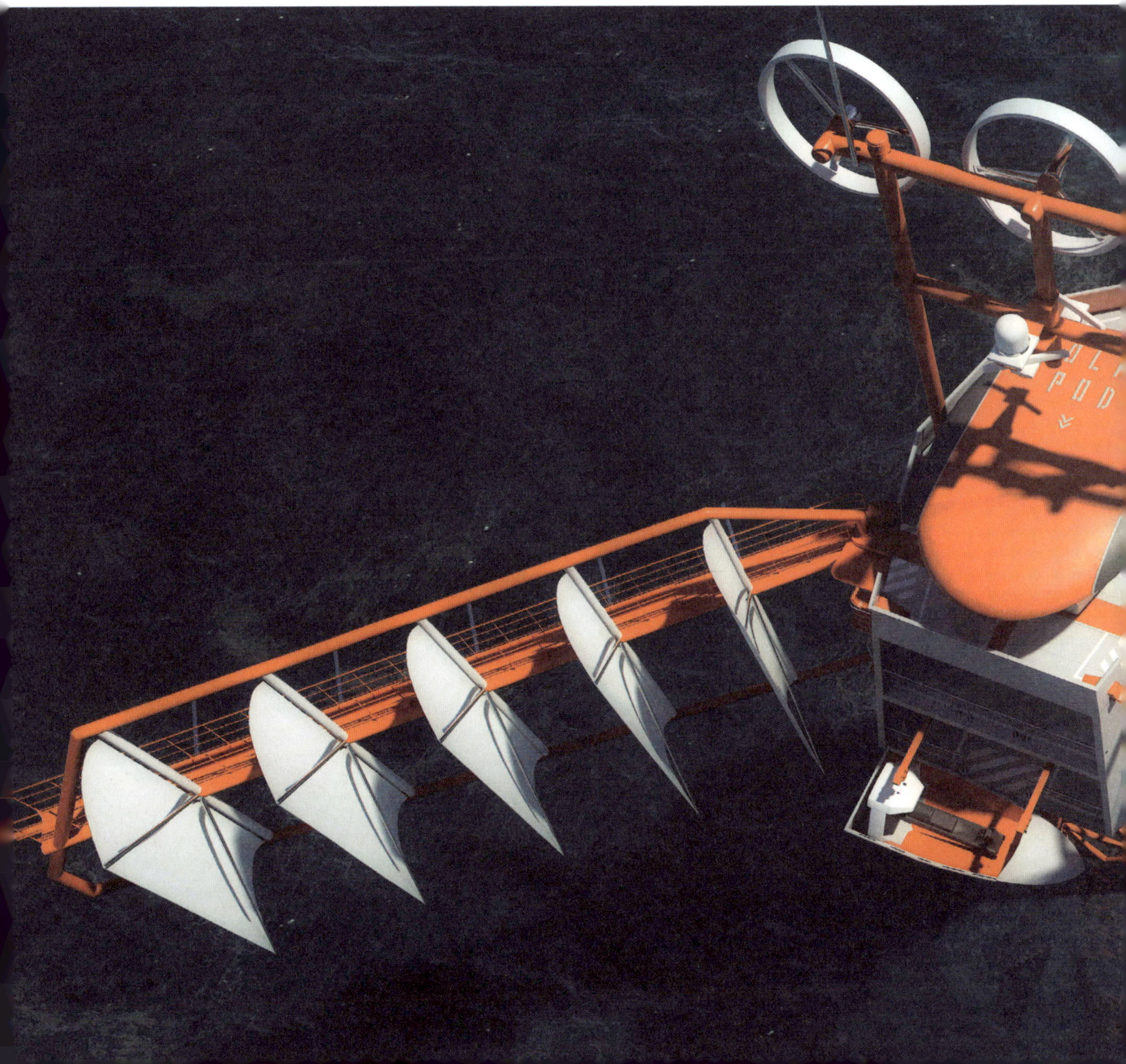

Alors Jean-Louis Étienne a décidé d'ouvrir un maximum de possibilités de campagnes scientifiques pour sa station. Cette dernière va donc pouvoir mesurer les échanges entre l'air et l'océan, notamment en CO_2, pour évaluer son rôle sur le climat. Elle va aussi servir à l'étude de la dynamique des vagues, des tourbillons, des courants.

Encore plus ambitieux, elle pourra accueillir des campagnes visant à l'inventaire de la faune marine en utilisant des moyens acoustiques. Des observations aériennes de baleines et d'oiseaux de mer seront conduites depuis la nacelle.

Pour cela, la station sera équipée comme un laboratoire géant, capable de mettre en œuvre plein d'instruments, capteurs et même de petits drones sous-marins.

Une sacrée organisation qui devrait permettre de mener la plus grande étude scientifique dans la zone jamais imaginée. À l'instar de la Station Spatiale Internationale, le *Polar Pod* sera une station océanographique internationale en orbite autour de l'Antarctique où les chercheurs seront relayés tous les deux mois durant les deux années de ce « tour du monde » par les cinquantièmes.

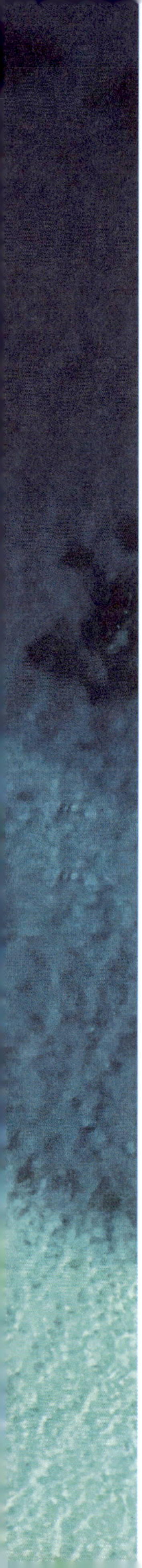

■■■ MANTA

YVAN BOURGNON, UN AVENTURIER DES MERS

Il a beau être né en Suisse, l'eau de mer coule dans ses veines et dans celles de sa famille. Les Bourgnon, à la fin des années 1970, décident de tout plaquer pour emmener leurs deux garçons, Laurent et Yvan, faire un grand voyage à la voile. Un tour du monde de quatre ans durant lequel en plus des îles, des rencontres et de l'aventure, les deux garçons se trouvent une même passion : la navigation, puis la course au large.

Laurent, l'aîné, ne tarde pas à s'illustrer sur les courses les plus prestigieuses. Yvan le suit de près. Transat Jacques Vabre, que les deux Bourgnon gagnent ensemble, Mini-Fastnet, Route du Rhum... Yvan court sur les Formules 1 des mers, remporte des victoires, se fixe des défis, traverse des galères.

Il aime les courses, la vitesse et les paris. Alors en 2013, il décide de se lancer dans une navigation complètement folle. Yvan Bourgnon part pour un tour du monde dans un tout petit bateau qui ne possède même pas d'habitacle, et sans GPS pour le guider. Il va mettre 230 jours à boucler le tour du monde sur sa coque de noix alors que tout le monde pensait cela impossible.

Depuis, il continue à courir sur l'eau, à accumuler des records, à envisager des défis encore plus fous. Il projette ainsi de se lancer dans un autre tour du monde contre les vents.

Mais il a surtout décidé de mettre une partie de son incroyable énergie au service de l'environnement et de l'océan. Il est devenu le « gladiateur des mers ».

En juin 2015, Yvan Bourgnon boucle un exceptionnel tour du monde en solitaire sur un petit voilier sans cabine de 6,30 mètres, sans GPS. Il accoste enfin dans le port de Ouistreham après avoir navigué plus de 200 jours, avalé 55 000 kilomètres, fait 27 escales, et affronté entre autres des intempéries, des pirates, et un naufrage.

9 000 000 de tonnes de déchets plastiques sont déversées dans les mers et les océans chaque année.

100 000 mammifères marins sont tués chaque année par la pollution, et plus de 1 400 espèces marines sont impactées.

UN COUREUR AU LARGE À L'ASSAUT DES MACRO-DÉCHETS

En 2015, Yvan Bourgnon court la course Transat Jacques Vabre avec Gilles Lamiré à bord du trimaran Multi50 *La French Tech Rennes Saint Malo*. Alors qu'ils sont en train d'entamer leur traversée de l'océan, lancés à pleine vitesse, ils heurtent un objet flottant non identifié. C'est un conteneur qui flotte entre deux eaux. Sous la violence du choc, les deux flotteurs du bateau de course sont gravement endommagés. Heureusement, les skippers n'ont rien. Pour Yvan Bourgnon, le choc n'a pas été que physique. Rencontrer un OFNI, ce n'est pas la première fois que cela arrive, ni à lui, ni aux autres navigateurs, qu'ils fassent partie du nautisme ou de la marine marchande. Mais cette fois a peut-être été de trop. Il décide de réagir, pas seulement contre les conteneurs à la dérive, mais surtout contre toute la pollution plastique en mer.

Il crée en 2016 l'association *The SeaCleaners*, « les nettoyeurs des mers ». Et, comme tous les observateurs de l'environnement marin, il constate que la première menace est celle du plastique. Celle des 9 millions de tonnes de déchets qui sont déversées chaque année dans les océans, qui tuent des centaines de milliers d'animaux ainsi que tout l'écosystème marin et qui se dégradent progressivement en microparticules qui vont pénétrer dans la chaîne alimentaire humaine.

Il peut y avoir de nombreuses raisons à la chute ou à la perte d'un conteneur, avec toujours les mêmes conséquences : pollution des mers et risques pour la navigation.

Yvan Bourgnon est un navigateur chevronné. Il aime la voile et il sait bien comment fonctionne un bateau. Il imagine alors, pour *The SeaCleaners*, la construction d'un navire qui soit capable d'aller au-devant des macro-déchets, ces gros morceaux de plastique qui n'ont pas encore eu le temps de se décomposer, pour les ramasser avant qu'ils ne se transforment en particules trop fines pour pouvoir être récupérées. Le défi est de créer un bateau qui soit capable d'intervenir dans les estuaires, le long des côtes, mais aussi au large en cas de pollution ou d'accident qui provoque des déversements de déchets en mer. Et le tout sans polluer, évidemment ! Alors quoi de mieux qu'un voilier ? Le concept du *Manta* est né !

> ***Un navire qui est capable d'aller au-devant des macro-déchets***

Depuis 2016, le navigateur s'est entouré de spécialistes, d'architectes navals, mais aussi de personnes qualifiées dans la valorisation des déchets. Ensemble, ils ont dessiné un bateau à la silhouette complètement inédite : un multicoque, des panneaux solaires, des éoliennes… et surtout un système embarqué de récupération et de traitement des déchets inédit. Le *Manta* a une allure folle et est un concentré de technologie au service de la dépollution.

En attendant la construction du *Manta*, *The SeaCleaners* est déjà sur le terrain avec un réseau d'observateurs volontaires, marins, plongeurs, plaisanciers et touristes qui vont contribuer à repérer, décrire et documenter les pollutions plastiques dans le monde. C'est une manière de déjà préparer le futur laboratoire du *Manta*, qui permettra à l'équipe scientifique à bord de géolocaliser, de quantifier et de caractériser les déchets lors des campagnes de collecte. Les données seront fournies à l'ensemble de la communauté scientifique internationale en *open data*.

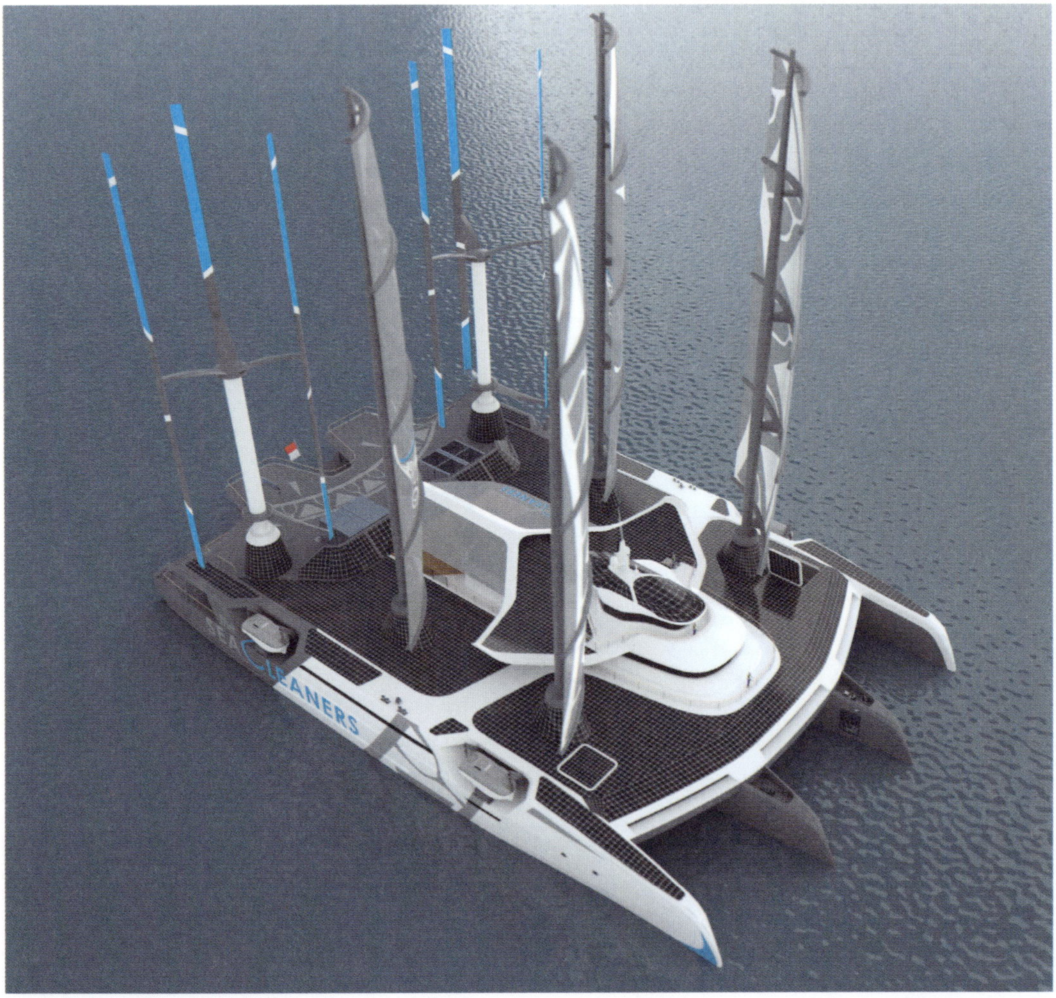

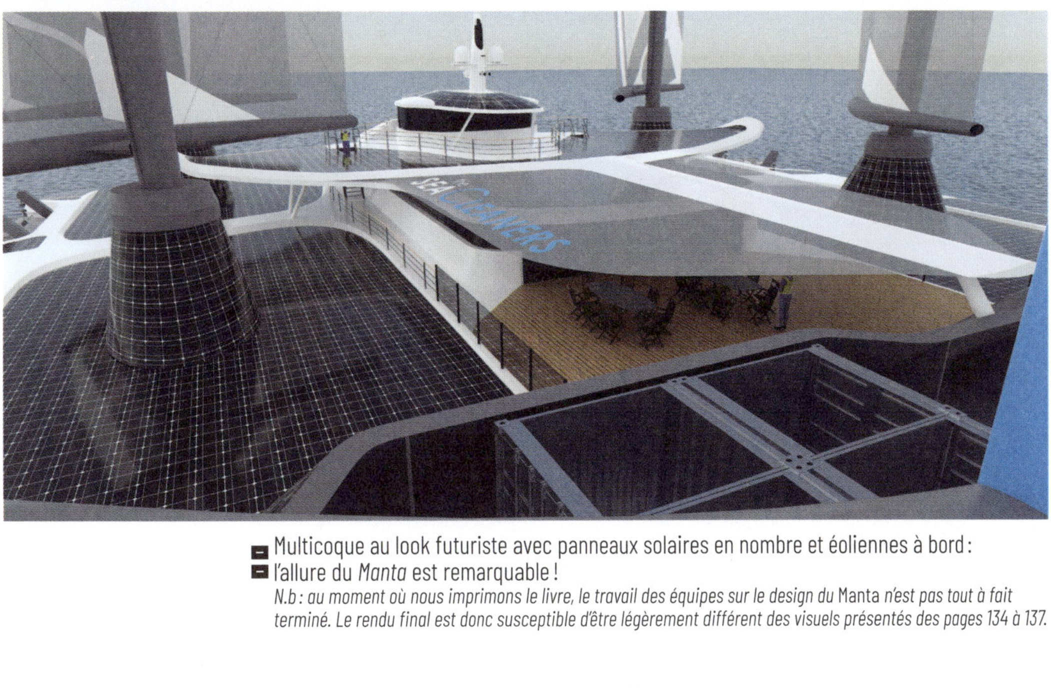

Multicoque au look futuriste avec panneaux solaires en nombre et éoliennes à bord : l'allure du *Manta* est remarquable !

N.b : au moment où nous imprimons le livre, le travail des équipes sur le design du Manta n'est pas tout à fait terminé. Le rendu final est donc susceptible d'être légèrement différent des visuels présentés des pages 134 à 137.

ASPIRER, TRIER, STOCKER ET VALORISER LES DÉCHETS PLASTIQUES

Pourquoi un multicoque pour le futur *Manta* ? Tout simplement parce que ces coques ne serviront pas simplement à flotter mais également à collecter les déchets qui flottent à la surface de l'eau. Le principe est simple : le *Manta* se dirigera dans les nappes de débris plastiques et entre ses coques, qui, en quelque sorte, aspireront les déchets en y dirigeant le flux, se trouveront des collecteurs. Ces derniers seront des genres de tapis roulants qui remonteront les déchets depuis la surface vers une usine de traitement à bord.

Là, des opérateurs traiteront les déchets en fonction de leur nature. Ils sépareront les déchets plastiques et métalliques potentiellement recyclables, les matériaux organiques non souillés ou encore les contenants

Entre les coques du *Manta*, un dispositif « aspire » les déchets qui se trouvent en surface et les redirige vers son usine de traitement à bord. Sur le pont, des grues sont prévues pour remonter les plus gros débris. On aperçoit ici en bleu les tables de tri où les opérateurs vont travailler.

qui pourraient encore renfermer des produits toxiques ou dangereux. Une fois tous ces déchets triés en fonction de leur nature, ils seront stockés par catégorie dans de grands sacs. À bord du *Manta*, on pourra ainsi conserver près de 40 tonnes de déchets en attendant de pouvoir les débarquer et les acheminer dans des usines spécialisées dans leur traitement. Les déchets plastiques non recyclables ou trop détériorés pour être recyclés seront, quant à eux, amenés vers une autre zone où ils seront séchés, broyés puis pyrolysés, c'est-à-dire portés à très haute température. On pourra alors extraire de l'énergie du plastique, réutilisée ensuite pour produire de l'électricité à bord et propulser le bateau.

Pour les très gros déchets ou les filets de pêche abandonnés, le *Manta* disposera également d'une épuisette géante qui permettra de les attraper et de les ramener à bord.

Pourquoi plusieurs voiles ? Simplement pour émettre le moins d'émissions polluantes possible et diminuer l'empreinte carbone de ce bateau-usine d'exception. C'est aussi pour cela que de grandes éoliennes et des panneaux solaires se trouveront sur le pont ! Ensemble, avec l'aide de l'électricité produite par la revalorisation des déchets, tous ces moyens propulseront le *Manta* là où il a besoin d'aller.

Le bateau pourra naviguer en haute mer et se déplacer au plus vite jusqu'aux endroits où on a besoin de lui, par exemple dans une zone touchée par une catastrophe naturelle comme un tsunami, qui provoque souvent des très grandes pollutions en mer.

Le *Manta* utilise pour sa propulsion à la fois des voiles et des éoliennes, pour un fonctionnement complètement autonome et non polluant.

... ESPR
DE VE

IT

OX

UN NAVIRE DE RECHERCHE EN MER PROPRE, INTELLIGENT ET DISCRET

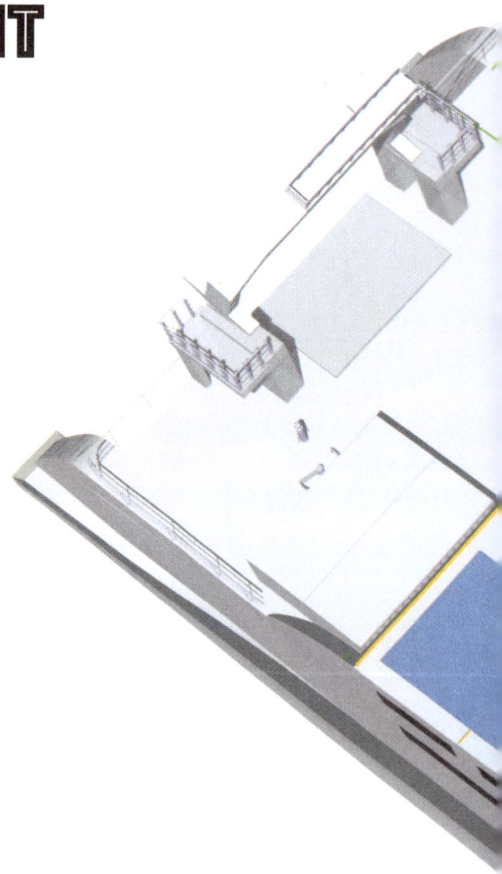

Voilà une silhouette qui risque de marquer les esprits ! C'est sur une forme pour le moins inhabituelle qu'a été dessiné le futur voilier *Esprit de Velox*, imaginé par François Frey. Homme de mer, ancien officier de marine, ingénieur et expert environnement dans plusieurs grands groupes industriels, le Rochelais réfléchit depuis longtemps à un nouveau vaisseau qui conjugue à la fois la recherche scientifique et le versant industriel, l'aventure, le progrès technologique et un respect maximal de l'environnement.

Pour cela, il s'est inspiré de *Velox*, un *yacht* de 42 mètres futuriste sorti des chantiers Normand du Havre en 1875. À son époque, il affichait 30 à 40 ans d'avance et représentait une véritable rupture technologique. C'est pour cela que François Frey a choisi de se placer dans son sillage en adoptant son nom et donc son esprit.

Il a embarqué avec lui l'architecte naval Marc Van Peteghem, grand spécialiste, entre autres, des bateaux à voile. L'idée est de reprendre la coque du yacht de 1875 pour construire un bateau de 68 mètres et 1000 tonnes.

Il devrait marcher à 10-12 nœuds, dans des eaux chaudes et très froides. Et surtout, ce navire n'aura aucun impact environnemental, notamment en termes de bruit sous-marin et naviguera sans une goutte de carburant. Le projet prend forme et la conception avance. La construction de ce navire innovant pourrait avoir lieu prochainement.

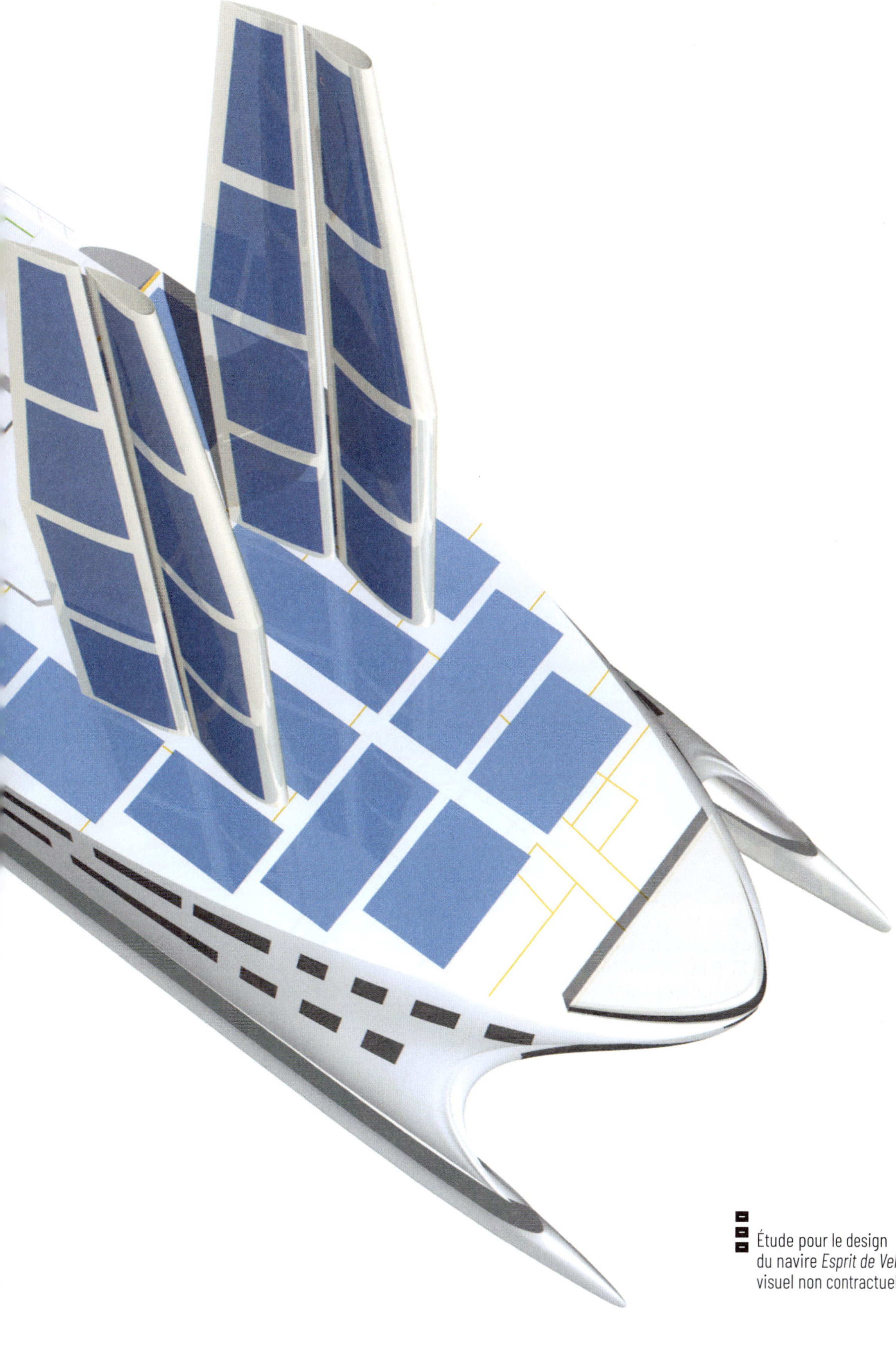

Étude pour le design du navire *Esprit de Velox*/ visuel non contractuel.

UNE PLATEFORME DE TEST POUR LA R&D DES INDUSTRIELS

La science et l'industrie vont souvent de pair. C'est pour cela que parallèlement, *Esprit de Velox* continuera son projet de plateforme de recherche et développement dédiée aux besoins des industries, qu'il mène actuellement. Des groupes industriels français et européens sont déjà très impliqués dans l'aventure.
Les partenariats sont basés sur une collaboration étroite : les industriels aident à construire *Esprit de Velox* grâce à leurs savoir-faire. En échange, ils embarqueront leurs produits en test. Ils pourront ainsi profiter de cette plateforme pour faire évoluer leur R&D, particulièrement dans les énergies renouvelables, et tester des nouveaux types de production électrique. Plusieurs sources peuvent cohabiter à bord : solaire, éolien, hydrogénération, air et pile à hydrogène... Ce mix énergétique sera géré intelligemment et est complément intégré à de la propulsion à la voile.

François Frey, homme de mer, ancien officier de marine, ingénieur et expert environnement dans plusieurs grands groupes industriels est à l'origine du projet.

INTERGÉNÉRATION : OFFRIR UNE RÉSIDENCE EMBARQUÉE POUR DES JEUNES SCIENTIFIQUES

Derrière l'idée du voilier innovant, il y a aussi le constat du monde scientifique qui déplore régulièrement la « perte » de jeunes chercheurs au moment où ils terminent leurs études. Souvent à ce moment-là, ils hésitent entre continuer leurs travaux de recherche ou travailler en entreprise. Et ils abandonnent souvent l'objet de leurs recherches universitaires. François Frey veut offrir à ces jeunes experts une place sur la plateforme, un moyen pour eux de confronter leurs intuitions avec la réalité. Un programme embarqué post-doctorat de 18 mois sera donc proposé au sein d'une équipe de 20 scientifiques, à traverser toutes les mers du monde. Qu'il s'agisse de sciences humaines ou de sciences dures, le dénominateur commun serait la valeur ajoutée que peut apporter l'embarquement. La confrontation entre les différentes disciplines dans ce contexte sera une intéressante source de créativité. Des artistes en résidence embarqueront aussi avec ces post-docs.

DES CAMPAGNES AU LONG COURS POUR L'OBSERVATION ET L'ANALYSE

Côté recherche « institutionnelle », celle qui organise des programmes longs nécessitant plusieurs mois d'observation, *Esprit de Velox* travaille déjà avec des laboratoires du CNRS et de l'Ifremer, dont beaucoup ont l'habitude d'être en mer.

Avoir une plateforme qui puisse embarquer leur matériel pour des opérations de longue durée, pouvoir travailler dans un laboratoire en mer, et bénéficier d'un navire sans émission de particules sont des perspectives qui les intéressent beaucoup. Ensemble, en côtoyant des chercheurs de différentes disciplines, ainsi que des artistes, ils pourront aisément trouver leur place aux côtés du matériel des industriels.

À l'horizon 2022/2023, *Esprit de Velox* devrait entamer la mission Atlantique 100 : 100 jours de mer, plus de 40 jours d'opérations coopératives : géophysique et biologie des canyons ; coraux d'eau froide ; étude transdisciplinaire des baleines à bec, de leurs milieux et de leurs interactions ; évolution des courants atlantiques et du climat, interactions des données océaniques et spatiales ; halieutique et récifs artificiels, au confluent de la biologie et des arts ; santé et bien-être au travail à la mer ; plongée et travaux sous-marins ; interactions opérationnelles entre cultures scientifiques, émergence de protocoles innovants, inter et transdisciplinaires...

CRÉDITS PHOTOGRAPHIQUES

Ouvertures de parties, fond/couverture, fond
Franck Gazzola/Under The Pole/Zeppelin Network
Les photos utilisées en vignettes sur la couverture et les ouvertures de partie sont tirées du livre et créditées ci-dessous.

Introduction : Shutterstock

La Boudeuse
- Pages 12 et 19 : La Boudeuse/© Jacques Bock
- Page 13 : La Boudeuse/© Frédérique Lammens
- Page 16 : iStock
- Pages 14 ; 15 et 17 : Shutterstock

Pourquoi pas ?
- Pages 22 ; 23 ; 24 : © Ifremer/S. Lesbats
- Page 25 et image de fond des pages 26-27 : Shutterstock
- Petite image page 26 : iStock/milehightraveler

Les Abeilles
- Pages 30 ; 34-35 : © Florent Le Bihan/Marine Nationale/Défense
- Page 31 gauche : © François Bogaert/Marine Nationale/Défense
- Page 31 droite : © Bruno Planchais/Marine Nationale/Défense
- Pages 32 et 37 : © Philippe Desplat/Marine Nationale/Défense
- Page 34 : © Laurent Lecanu/Marine Nationale/Défense
- Page 38-39 : © Alexandre Groyer/Marine Nationale/Défense
- Page 41 : © Stéphane MARC/ECPAD - Marine Nationale/Défense

Tara
- Pages 44-45 ; 53 bas : © NoeliePansiot_FondationTaraOcean
- Page 48 : © MaévaBardy_FondationTaraOcean
- Pages 49 milieu, 53 haut et milieu : © Caroline Britz
- Page 49 haut : © Sacha_Bollet_Fondation_Tara_Ocean
- Page 49 bas : © Fondation Tara Océan/Muriel VanDenBempt
- Pages 46-47 ; 50 haut : © FrancisLatreille_FondationTaraOcean
- Page 50 bas : © Eric_Roettinger_Kahikai_Fondation_Tara_Ocean
- Page 51 haut : © NicolasFloc'h_FondationTaraOcean
- Page 51 milieu : © VincentHilaire_FondationTaraOcean
- Page 51 bas : © SamuelBollendorff_FondationTaraOcean
- Page 55 : © Pierre-de-Parscau_FondationTaraOcean

Energy Observer
- Page 58 : © Energy Observer Productions - Antoine Drancey
- Page 59 haut : © Energy Observer Productions - George Conty
- Pages 59 milieu et bas, 61 haut, milieu et bas : © Jérémy Bidon
- Page 60 : © Kadeg Boucher
- Pages 63, 67 haut gauche, 67 bas : © Energy Observer Productions - Amélie Conty
- Pages 64-65, 66 haut : © Energy Observer Productions - Kévin Peyrusse
- Page 66 milieu : © Energy Observer Productions - Julien Voigt
- Pages 66 bas, 67 haut droit : © Energy Observer Productions - Antoine Drancey

Nomade des Mers
- Page 70 : © Jean-Luc Gourmelen
- Pages 71 ; 72 ; 73 ; 74 ; 75 ; 78 ; 79 : © Low-tech Lab
- Pages 76-77 : © Low-tech Lab/Laurent Sardi

Race for Water
- Pages 82-83 ; 85 haut ; 90 ; 91 : © Race For Water/Julien Girardot
- Pages 84 ; 85 milieu et bas ; 86-87 ; 89 : © Race For Water/Peter Charaf

Under The Pole
- Page 95, haut gauche et bas ; pages 96 à 97 : © Lucas Santucci/Under The Pole/Zeppelin Network
- Page 95, haut droite ; 98 à 104 : © Franck Gazzola/Under The Pole/Zeppelin Network

Plastic Odyssey
- Page 110 : © Jules Vervust
- Pages 111 ; 112-113 ; 116 : © Raphaël Barriol
- Page 117 : © Plastic Odyssey
- Page 115 : Shutterstock

Polar Pod
- Pages 120 ; 123 haut et milieu : Shutterstock
- Pages 121 ; 124-125 ; 126-127 : © Sylvain Bergeon
- Pages 122 et 123 bas : © Jean-Louis Étienne

Manta
- Pages 130-131 : © Yvan Bourgnon
- Page 132 : Shutterstock
- Pages 133 ; 134-135 ; 136-137 : © The SeaCleaners

Esprit de Velox
- Pages 140-141 ; 143 : © Esprit de Velox
- Page 142 : © Tanguy Scoazec